LA BIBLIA
Y LOS
NEGOCIOS

31 Keys To Success From Proverbs

Sonya L. Thompson

Tabla de contenidos

ISBN: 13: 978-1461187981
ISBN-10: 1461187982

DEDICATORIA

A Chris, mi maravilloso esposo y a mi hijo Aaron, ambos han sido mi fuerza directriz y mi inspiración. ¡Los amo y siempre encontré en ellos el apoyo que necesité!

A mi madre – Te amo y te doy gracias por creer en mí y decirme "Yo puedo".

A mi Pastor - Tony McCoy, un magno hombre de Dios que me enseñó cómo crecer en la unción que el Padre ha depositado en mi vida. Le estaré agradecida por siempre.

Al Padre celestial, que confió en mí para esta misión. Ante Él me humillo y a Él honro. Que su voz sea escuchada por todas las naciones. Que la unción de su Espíritu se eleve desde estas páginas para facultar, promover y animar a quienes ha llamado a proclamarlo en las plazas.

Introducción

Ha sido una gran alegría para mí servir al Señor desde mi posición de Pastor superior de la autora de este libro. Motivo de gozo para mí, por haberme pedido revisar la obra, y además un placer acceder a la solicitud de la autora para escribir la introducción. Soy testigo visual del amor que siente por su esposo Chris y su hijo Aaron, y de su emprendimiento inspirado ante todo por la Palabra de Dios.

Desde el momento en que ella entró en la Iglesia Internacional de la Esperanza, constaté su potencial y el Señor me animó a estimularla para que pusiera sus talentos a disposición del "cuerpo" de Cristo. No albergo dudas al respecto de que la intención del Señor es que los talentos que el depositó en Sonya Thompson NO son solo para la Internacional de la Esperanza, sino que significan mucho para animar, dirigir y confortar al "cuerpo de Cristo".

Sonya tiene la mentalidad del Reino. No es egoísta Tiene el ansia de visualizar el Reino, y los individuos que mentalizan el Reino, tienen éxito. Ella es humilde, no débil. Muchas personas confunden la debilidad con la humildad.

En Mateo 11: 28-30, Jesús nos anima a encontrarnos con Él: *"28 Vengan a mí los que se sienten cargados y agobiados, porque yo los aliviaré. 29 Carguen con mi yugo y aprendan de mí, que soy paciente de corazón y humilde, y sus almas encontraran descaso. 30 Porque mi yugo es suave y mi carga liviana."*

Observe que Jesús usa la palabra humilde para describir Su propio corazón. Eso de ninguna manera significa que Jesús, nuestro Salvador, es débil. Por el contrario, denota que Jesús desea la voluntad del Padre por encima de la propia y que no lo decepciona jamás. A través de su Palabra, el Señor desea guiar a personas como usted y yo a escapar de un modo de vida lastrado por las cargas y el cansancio de la existencia. Conectarse con la vida del Reino desde el presente es un deber para el pueblo de Dios.

Sonia ha encontrado algunas semillas de enseñanza dentro del Libro de los Proverbios que orientan el modo de vivir el Reino dentro de nuestros hogares, iglesias y negocios. Como su Padre (Jesús), Sonya es humilde. Gracias a esa identificación con el corazón del Padre, ha obtenido la parte de esa "Revelación" que ayudará a todos los que estén cansados dentro del cuerpo de Cristo. Yo creo que si usted compra este libro con el corazón dispuesto a escuchar y aplicar lo que está escrito en las páginas siguientes, se hallará á a sí mismo justo en el camino que conduce a honrar al Padre, para establecer aquí en la Tierra el Reino, y crecer como persona y como emprendedor creativo.

Descubrir el poder que atesora la Palabra de Dios es un don que pocas personas adquieren. No por ser éste un profundo misterio o un objetivo inaccesible reservado para una selecta minoría, sino porque muy pocas personas están sedientas en verdad del conocimiento y el poder vinculados a la Palabra de Dios.

La sed de Sonya la condujo al nacimiento de este libro. De todo corazón se propuso proveer al pueblo de Dios de un asidero para aplicar la Palabra en las situaciones de la vida terrenal. Después de leer estas páginas, lo animo a seguir el ejemplo de la autora y emplear un tiempo indispensable que le permitirá a usted, a su familia y su negocio entrar en el "Favor" de Dios. Asúmalo de una vez: "porque mi yugo es suave y mi carga es liviana," ¡La victoria espera por usted!

En el amor de Dios,

Pastor Tony B. McCoy

RECONOCIMIENTOS

Al Pastor Tony McCoy, ¡gracias por tomar tiempo de su descaso y de su apretada agenda para preparar una introducción impactante!

Al Dr. Tom Leding, ¡gracias por impartir la unción suya en mi vida! ¡Agradezco al Padre por nuestro divino encuentro! Este libro ha nacido de su ministerio y estoy convencida de que mi vida nunca será la misma!

A Teresa Adams, gracias por las ideas y la contribución respecto al diseño y el contenido. Su ayuda me permitió realizar y manifestar la visión que el Padre me concedió.

Audrey Cazares, el ánimo y las oraciones que ofreciste fueron las que me mantuvieron en la ruta. Gracias por tu apoyo y tu contribución valiosa. Eres un diamante en bruto – en verdad la mejor amiga.

Clave #1

~ Rechazar la Seducción ~

Hijo mío, si los pecadores quieren seducirte, no vayas con ellos. (Proverbios 1:10 NIV)

Estoy segura que esta sentencia no es una sorpresa para usted, pues no todos son honestos en el mundo de los negocios. Están aquellos que aparecen con la intención y el propósito de seducirle. La palabra seducir significa engañar, persuadir o tentar. El emprendimiento es un llamado, un ministerio, una posición basada en la confianza mutua y una gran responsabilidad, por tanto es muy importante operar con el más alto grado de integridad. Como empresario cristiano, su nivel de integridad se refleja en el Padre Celestial – especialmente cuando usted se relaciona con una comunidad no cristiana.

Estoy en la industria de las máquinas vendedoras, y en cierto punto de mi carrera, una compañía conocida nacionalmente me pidió que alentara a una clienta a ordenar 100 pequeñas máquinas de caramelos en el área de Orlando, en la Florida. Yo podía ganar varios miles de dólares, pero sabía que si la clienta compraba las máquinas, no sería capaz de ponerlas en Orlando, pues allí el mercado está saturado de ellas. Yo compartí la idea con la compañía, pero no me hicieron caso y querían que convenciera a esta clienta para adquirir las máquinas. Si los ayudaba a confirmar la orden, prometían remitir muchos negocios a mi empresa de telemercadeo.

Accedí a conversar con la clienta, pero no le aconsejé comprar las 100 máquinas, sino una pequeña cantidad. Resultó que la señora era la esposa de un pastor. ¡Este matrimonio quería comenzar un pequeño negocio de expendedoras! Estoy muy agradecida al Señor por habérmelos enviado. No necesito decir que nunca más recibí propuestas de negocios de aquella compañía y que en el curso de un año ellos mismos se encontraron fuera del negocio ¡por no cuidar de sus clientes!

Esté listo a pasar la prueba **cuando** el enemigo venga a seducirlo para tomar ventajas sobre otros para obtener ganancias financieras. En todo caso, usted tendrá decisiones difíciles a tomar, y ellas serán aún más arduas si se deja envolver por la seducción. La Palabra dice que si los tramposos vienen – y vendrán, sin duda, **no vayas con ellos.**

Evaluación personal

¿Hay alguien en mi círculo de negocios que esté tratando de comprometer mi integridad?

¿Estoy de alguna manera desviando a los clientes en aras de potenciar mi posición financiera?

Oración

Padre, si he caído en la seducción de los pecadores, o he sido indigno de Ti de cualquier modo en mi entorno mercantil, te ruego me perdones en el nombre de Jesús. Rodéame con aquellos que tengan tu corazón y tu mente. Ayúdame a operar con integridad y honestidad, de manera que represente a tu Reino en la Tierra, en el nombre de Jesús.

Declaración del día

Declaro que me subordino a Cristo Jesús, y que no permitiré que mi persona sea engañada, seducida o tentada por los pecadores. Como súbdito de Dios, resistiré al demonio para obligarlo a apartarse de mí. Decido traer gloria a mi Padre Celestial hoy en mi entorno mercantil.

~ *Mis Notas* ~

_____

_____

_____

_____

_____

_____

_____

Clave #2

La Sabiduría Divina...

~ Una Receta para el Éxito ~

Hijo mío, si haces tuyas mis palabras y atesoras mis mandamientos; [2] si tu oído inclinas hacia la sabiduría y de corazón te entregas a la inteligencia; [3] si llamas a la inteligencia y pides discernimiento; [4] si la buscas como a la plata, como a un tesoro escondido, [5] entonces comprenderás el temor del SEÑOR y hallarás el conocimiento de Dios. [6] Porque el SEÑOR da la sabiduría; conocimiento y ciencia brotan de sus labios. (Proverbios 2:1-6 NIV)

No es un secreto que somos una sociedad inundada por la información y que el mayor volumen de ésta se encuentra al alcance de nuestros dedos. Además, abundan las personas educadas, preparadas y conocedoras. No obstante, toda la llamada sabiduría que poseemos y toda la información a la que tenemos acceso ¡palidecen en comparación con la sabiduría que encontramos en la Palabra de Dios!

Aquí se habla sobre la condición de la economía, los altos precios del combustible y la inestabilidad en el mercado de valores. Si no tenemos cuidado, pronto nos encontraremos aceptando las palabras de los hombres por encima de la Palabra de Dios. Jesús nos advierte en

Lucas 8:18 que tengamos cuidado con lo que escuchamos. El oído es una de las puertas que lleva directamente al corazón, por ello es importante vigilar lo que escuchamos y cómo lo hacemos.

En Proverbios 2, Salomón nos da una receta para el éxito. El nos indica que: 1. Aceptar las palabras de Dios y guardar sus mandamientos. **La palabra de Dios debe ser tu autoridad máxima.** 2. Vuelve tu oído hacia la sabiduría y pon tu corazón para comprenderla – **Escucha lo que el Espíritu Santo tiene que decirte con la intención de hacerlo.** 3. Llama a la inteligencia y pide el discernimiento – **Cuando necesites ayuda, clama al Padre y él te responderá.** 4. Persigue a la sabiduría como se busca un tesoro escondido – **No renuncies a cavar ni te rindas. ¡Encontrarás la respuesta en la Palabra de Dios!**

¡Esta es una receta para el éxito de cualquier empresario! La única manera de adquirir la sabiduría divina es conservar día a día la Palabra de Dios en tu corazón. A propósito, la divina sabiduría es mucho más valiosa que el dinero. Si la obtiene, conseguirá el dinero y el contrato que necesita. Si obtiene sabiduría divina y aprende cómo aplicarla, ¡edificará su negocio excediendo los límites de sus más caros sueños! Salomón tuvo la oportunidad de tener todo lo que quiso y escogió la sabiduría. Resultó ser el hombre más rico del mundo, ¡porque la sabiduría divina es la receta del éxito!

Evaluación Personal

¿Quién domina mi oído? ¿Está mi oído atento a la Palabra de Dios o busco la sabiduría en otros lugares?

¿Clamo yo al Padre para que me conceda sabiduría a la hora de conducir mis asuntos de negocios?

Oración

Padre, vuelvo mi oído hacia tu sabiduría. Te escucho y clamo por ella. ¡Concédeme un corazón sabio y con discernimiento de manera que pueda alcanzar el dominio del mercado para tu Reino, en el nombre de Jesús!

Declaración del día

Declaro que estoy comprometido con la Palabra de Dios en mi corazón. Mi oído está atento hoy para recibir el conocimiento y el entendimiento del Espíritu Santo. Trataré de actuar según la sabiduría de Dios, y espero recibirla para que me ayude en cada situación que enfrente hoy.

~ *Mis Notas* ~

_____

_____

_____

_____

_____

_____

_____

Clave #3

~ Honra al Señor con tu prosperidad~

Honra al SEÑOR con tus riquezas [provenientes de justas labores]
y con los primeros frutos de tus cosechas.
[10] Así tus graneros se llenarán a reventar
y tus bodegas rebosarán de vino nuevo.
(Proverbios 3: 9-10 AMP)

Cuando era una niña, observaba cómo los negociantes acostumbraban a tomar el primer dólar que ganaban, lo ponían en un cuadro y lo colgaban en la pared. Yo pensaba que aquello era muy bonito, pero cuando tuve más años, encontré que ésta era una manera de conmemorar el primer dólar facturado. Se ve bien, pero los cristianos somos instruidos para "honrar" al Señor con los primeros frutos de ¡TODA nuestra renta! Ello significa que "la primera porción" de todos nuestros ingresos pertenece a Él. Sólo una nota, el diezmo y los primeros frutos son diferentes donaciones. Esto es materia de gran controversia. Yo siempre fui educada en el sentido de que la ofrenda de los primeros frutos era igual que el diezmo, pero no es así. Puede estudiar esto por sí mismo en **Genesis 4:3-5; Deuteronomio 14:22-23; Nehemias 10:38-39.** Estos son solo unos pocos textos, pero tómese un tiempo para localizar otras citas sobre el tema, incluso en el Nuevo Testamento.

Usted ha recibido la misión de reunir riquezas para financiar la cosecha de los últimos tiempos. Espero que no piense que Dios le ha dado toda la habilidad y la comprensión que posee para los negocios con el fin de que tenga una casa más grande, un carro más lujoso y otros bienes – aunque no hay absolutamente nada malo en esas cosas. Su primera prioridad debe ser el Reino de Dios. En cada fuente de ingreso o incremento que reciba, está la ofrenda de los primeros frutos que debe ser entregada al Señor. Es la manera de honrar al Padre con su prosperidad. Debe permitir que el Espíritu Santo le ayude a identificar al primero en todo ingreso que reciba. Esa ofrenda nos recuerda que Dios es el origen de todas las cosas: ella dispone el escenario para que bendiga las nuevas que se sumarán más adelante.

Durante mi primer año en el negocio, hice algo más de $100,000. Era un contribuyente del diezmo, pero en aquel tiempo no conocía nada sobre los primeros frutos, y no reparé en cuánto había ganado. Poco tiempo después, mi Pastor, Tony B. McCoy me instruyó acerca de la ofrenda de los primeros frutos. Comencé a honrar al Señor, y el Padre empezó a llenar mis graneros (cuentas bancarias y de inversiones). Cuando usted honre al Señor con su prosperidad, El le honrará abiertamente.

Evaluación Personal

¿Estoy honrando al Señor con los primeros frutos de todos mis ingresos?

En la medida que el Señor me hace prosperar, ¿hago que mis finanzas estén disponibles para el Reino?

Oración

Padre, te honraré con los primeros frutos de todos mis ingresos provenientes de mis justas labores, y pondré tu Reino en primer lugar en toda circunstancia.

Declaración del día

Declaro que honraré al Señor con mi ofrenda de los primeros frutos, Mis negocios, cuentas bancarias e inversiones han sido colmados con creces y la bendición de Dios reposa sobre mi hogar. Declaro que las nuevas ideas, la inteligencia y los conceptos que abundan hoy en mi vida, los recibo en el nombre de Jesús.

~ *Mis Notas* ~

_____

_____

_____

_____

_____

_____

_____

Clave #4

~ Vigile su Flujo ~

Por encima de todas las cosas cuida tu corazón, porque de él mana la vida. (Proverbios 4:23 KJV)

Salomón nos conmina a mantener en guardia nuestro corazón con toda diligencia, porque fuera de él abundan las situaciones de la vida. El objetivo de una guardia es impedir que accedan intrusos y que los cautivos no escapen. El Espíritu Santo hace Su trabajo cuando nos advierte si permitimos que cosas "nocivas" entren o salgan de nuestro corazón, pero al final, la custodia de éste debe ser nuestra propia decisión.

Esta es la razón de por qué usted debe custodiar sus ojos, orejas y boca, pues ellas son las entradas que llevan directamente hacia la puerta principal del corazón, y van a incidir en su presencia y persistencia en el mercado. No alterne con gente negativa ni escuche informes negativos sobre la industria, las finanzas o la economía. Personalmente, no le doy importancia a lo que dicen las estadísticas sobre las personas que han abandonado los negocios en los últimos años, (con esto no estoy diciendo que no simpatizo con ellos) puesto que deseo llenar mi corazón con lo que dice la Palabra de Dios y no permito que tales informaciones entren en mi interior.

Hace años tengo la costumbre de llevar un CD de uno de mis profesores en finanzas o en negocios para escucharlo dondequiera que voy. Incluso duermo con un IPod y dejo que esas lecciones fluyan hacia mi interior espiritual durante la noche. Eso no ha sido muy del agrado de mi esposo pero... ya sabe. Yo le alentaría a hacer lo mismo si en verdad quiere llenarse de la Palabra y estar listo para enfrentar esas distracciones negativas que el enemigo pondrá en su camino. Si usted vigila el flujo de su corazón sembrando la Palabra de Dios en él, hará exactamente lo mismo que Jesús cuando Satanás vino a tentarlo: El le dijo al Diablo: **"Está escrito"**

Deseche cada imaginación y objeto que pretendan exaltarse por sí mismos frente a la sabiduría de Dios. Su propia vida abundará a partir de lo que usted deposite o permita que surja dentro de usted. Mire a su corazón como al flujo de su cuenta de banco. Si le agrega algo efectivo, crece. Si permite saldos negativos, ellos restarán de su calidad de vida, y perderá la eficacia en el mercado, luego, ¡vigile su flujo!

Evaluación Personal

¿Qué clase de informes he permitido que entren por mis oídos y mis ojos, y después en mi corazón?

¿Cuánto tiempo consumo escuchando discos y lecciones en finanzas y negocios?

Oración

Padre celestial, yo atenderé Tu enseñanza y guardaré mi corazón. Vigilaré lo que salga de mi boca y lo que entre por mis oídos y mis ojos desde este día en adelante, en el nombre de Jesús.

Declaración del día

Declaro que guardaré mi corazón con plena diligencia. Solo cosas buenas entrarán por mis ojos y provendrán de mi boca. Gracias a ello, mi corazón fluirá en lo adelante con abundancia, el éxito y la prosperidad para el Reino de Dios.

~ *Mis Notas* ~

Clave #5

~ Sea Dócil en Aprender ~

«No atendí a la voz de mis maestros,
ni presté oído a mis instructores.
[14] Ahora estoy al borde de la ruina,
en medio de toda la comunidad.»
(Proverbios 5:13-14 NIV)

Le recomiendo hacerse el hábito de continuar aprendiendo, expandir sus conocimientos, y buscar las vías para alcanzar a las personas que hacen lo que usted hace mejor que cualquier otra. En el camino para merecer la excelencia en el mercado, es importante dejar que otros hablen en su vida – por supuesto, debe asegurarse de que está recibiendo una buena asesoría.

A medida que usted adquiere mayor experiencia en el negocio y alcanza un mayor grado de éxito, existe el riesgo de pensar que es un experto y de situarse más allá de la instrucción. ¡Esa es una zona peligrosa! Cada empresario exitoso – y tal es usted, debe tener alguien en su vida que pueda hablarle para infundirle aliento y enseñarle. Yo encontré a quienes me dieron pistas para el éxito. En otras palabras, el éxito puede ser duplicado, pero ello ocurre sólo si se es dócil para aprender

Yo fui vendedora para una gran compañía de mejoramiento de viviendas en Nueva Jersey durante varios años. A mi supervisor le llamaban "el hombre del millón de dólares". Escucho aún sus palabras: "Sólo sea dócil en aprender y haga exactamente lo que yo hago y obtendrá superación". Como resultado de seguir este consejo, me convertí en la mejor vendedora de la oficina. A medida que mis éxitos aumentaron, olvidé aquel regalo de sabiduría y pensé que tenía todas las respuestas para todo. No estoy orgullosa de decir que sufrí precisamente ante cada dilema financiero que pueda nombrarse, porque no seguí las enseñanzas – tanto de la Palabra de Dios como de mis instructores.

Salomón dijo que cuando no escuchamos a nuestros maestros, nos acercamos al borde de la ruina. ¡He estado allí muchas veces! Recuerde esto, su Padre Celestial le ha llamado a ser un empresario porque El quiere que usted triunfe. ¿Cómo evitar el fracaso y la consecuente ruina? Es muy simple, usted debe mantenerse dispuesto para aprender. En primer lugar, permita que el Espíritu Santo le ministre a través de la Palabra de Dios, y además dispóngase a buscar y aceptar el consejo divino cuando el Padre le envíe personas en su ayuda. Un trozo de sabiduría: – La enseñanza viene en los envoltorios más extraños, luego, nunca juzgue al libro por la cubierta, simplemente esté dispuesto a recibir la instrucción de cualquiera que el Padre le haya enviado. Sea dócil en aprender.

Evaluación Personal

¿Soy dócil en aprender? (Sea honesto consigo mismo)

¿Quién en mi círculo de influencias puede proveerme con instrucción? ¿Estoy dispuesto a recibir su asesoría?

Oración

Padre, yo rindo mi persona ante tu Espíritu Santo y te ruego que me guíes hacia el beneficio y me enseñes el camino por el que debo andar. Acepto la enseñanza de tu Palabra y la de aquellos que tú coloques en mi vida para darme el consejo divino, en el nombre de Jesús.

Declaración del día

Declaro que seré dócil en aprender, y que mis pasos estarán dirigidos hacia el Señor. Declaro que el Padre ha depositado en torno a mí el don divino de consejo y que voluntariamente me subordinaré a mis instructores y los escucharé atentamente.

~ Mis Notas ~

Clave #6

La Dilación ~ La Trampa Maestra ~

Un corto sueño, una breve siesta,
un pequeño descanso, cruzado de brazos...
[11] ¡y te asaltará la pobreza como un bandido,
y la escasez como un hombre armado!
(Proverbios 6:10-11 NIV)

La dilación es el mayor bandido en contra del éxito y ha ocasionado la caída de muchos empresarios. Ella siempre mira hacia mañana, y el mañana nunca llega. Es el mayor ladrón de sueños y riquezas. Es como una venda que cubre los ojos y apaga la visión del futuro.

Incontables millones han drenado de los bolsillos de los empresarios "improductivos" y "estáticos" que han caído en esa trampa.

Si no ha empezado su negocio aún, le digo lo siguiente: Yo le aseguro que el Padre le ha dado la idea de esa actividad a usted. Puede estar sentado ante una invención, un libro, una idea o un proceso y ¡no percatarse de que le han otorgado su sueño! Si esto es verdad, haga cuenta de que es una víctima de la dilación. ¿Cuántas ideas "divinas" ha tenido usted y después ha observado a otro llevarlas a efecto? Usted ha estado esperando a que todas las estrellas se alineen y le hablen antes de aventurarse. ¡Ese día nunca vendrá! Es más, nunca habrá tiempo suficiente para comenzar. Usted tiene que hacer el tiempo, ¡incluso si esto significa extender las horas para lograr que su sueño se cumpla!

Usted puede dirigir un negocio en el presente, pero no desarrollarlo. La tecnología cambia constantemente, luego, continuar empujando hacia adelante es algo relevante en el mercado moderno. Esa fue la causa de la caída de IBM, ellos no pudieron concebir la idea de que la pequeña computadora personal podría reemplazar sus enormes computadoras centrales. ¿Dónde están ahora? Ellos se durmieron, se cruzaron de brazos y la pobreza y la escasez aparecieron para hacer su trabajo.

Proteja el negocio que el Padre le ha concedido. Usted ha sido agraciado con la tarea de traer riquezas al Reino. Hágase del hábito de buscarlo a Él para que le inspire ideas nuevas y frescas para expandir su actividad. Tome un tiempo para mirar lo que otros están haciendo en su campo y párese encima del montón creando un "nicho de mercado" para usted. No importa lo que usted haga, siempre hay espacio para el mejoramiento. ¡Mientras mantenga este propósito en la mente, evitará la trampa maestra de la dilación!

Evaluación personal

¿Qué proyectos he impulsado? ¿Cómo puedo usar mejor el tiempo para cumplir mis objetivos?

¿Qué factores me mantienen estancado, en lugar de moverme hacia adelante en mi negocio?

Oración

Padre, perdóname si no he actuado según las ideas y la inteligencia que me has dado. De hoy en adelante seguiré fielmente las ideas que me confíes, en el nombre de Jesús.

Declaración del día

Declaro que estoy facultado para alcanzar las metas que me he puesto hoy. No me detendré. No me negaré a actuar, y superaré los obstáculos que surjan. Todas las cosas en las que ponga mis manos hoy serán para la prosperidad y el beneficio del Reino.

~ *Mis Notas* ~

_____

_____

_____

_____

_____

_____

_____

Clave #7

~ Manténgase Concentrado ~

**Hijo mío, pon en práctica mis palabras
y atesora mis mandamientos.
² Cumple con mis mandatos, y vivirás;
cuida mis enseñanzas como a la niña de tus ojos.
³ Llévalos atados en los dedos;
anótalos en la tablilla de tu corazón.
(Proverbios 7:1-3 NIV)**

Estos versos describen a un hombre o una mujer cuya vida entera está dedicada y concentrada en la Palabra de Dios. Usted puede dedicar demasiado tiempo a construir su negocio y expandir su base de clientes; sin embargo, debe estar en guardia para evitar apartarse de la verdadera fuente de su éxito – la Palabra de Dios.

Cuando algo es almacenado, está reservado para uso futuro y puede ser retirado en cualquier momento. Usted tendrá muchos desafíos como empresario, sin embargo, crear un almacén de la Palabra es esencial para su éxito. Esto se logra dedicando tiempo cada día para meditar en la Sagrada Escritura. Cuando empiece a estudiar y prestar especial atención a ella, usted se encontrará a sí mismo viviendo y manifestando la Palabra de Dios. Cuando ella se convierta en especial para usted, cuando la considere como algo más precioso que el oro, usted hará lo que sea necesario para proteger el tiempo destinado a la lectura y la meditación de las Escrituras.

Hemos sido alentados a enlazar la Palabra de Dios con nuestros dedos – imagen que significa que el trabajo de nuestras manos debe ser gobernado por el Verbo divino. Su labor en el mercado debe dar testimonio de la Palabra guardada en su corazón. Tanto las personas salvas como las que no lo son observarán que su ética de trabajo es diferente. La manera en que conduzca su negocio llamará la atención de aquellos que usted sirve en el ámbito mercantil.

El tercer verso de la cita le anima a escribir la Palabra en la tablilla de su corazón. Esto sucede como resultado de la meditación, del seguimiento y la guarda de los preceptos de la Escritura, cuando usted pone sus dedos a trabajar en línea con Dios y de acuerdo con Su Palabra. Al actuar de ese modo, la Palabra se estará grabando espiritualmente en su corazón: ¡entonces su vida estará concentrada en el Verbo Divino!

Evaluación Personal

¿Cuánto tiempo dedico a meditar la Palabra? ¿Estoy aplicándola en mi vida?

¿Es la Palabra de Dios valiosa para mí?

Oración

Padre, al meditar en Tu Palabra hoy, ayúdame a mantenerla cerca de mí, a pensar sobre ella y a vivirla de manera que quede inscrita en mi corazón, en el nombre de Jesús.

Declaración del día

Declaro que estoy gobernado por la Palabra de Dios. Mantendré mi mente en el Verbo Divino hoy y llevaré los mandamientos del Padre en mis actividades diarias. Yo rindo mi mente, mis dedos y mi corazón ante el Señor en este día de manera que Él pueda ser glorificado en el mercado.

~ *Mis Notas* ~

_____

_____

_____

_____

_____

_____

_____

_____

Clave #8

~ Obtener Riquezas, Honor, Abundancia, Prosperidad y Favor ~

**Conmigo están las riquezas y la honra,
la prosperidad y los bienes duraderos. En verdad,
quien me encuentra, halla la vida
y recibe el favor del SEÑOR.
(Proverbios 8:18, 35 NIV).**

Este capítulo entero es un eco del llamado de la sabiduría. Ella se parece a una mujer que clama desde fuera y espera por aquellos que responden a su voz. Cuando era joven, mi madre salía afuera al portal y gritaba por nosotros – pues estábamos lejos de la casa. Mi hermano y yo oíamos su voz y nos poníamos en camino a casa, ya que sabíamos que algo especial nos aguardaba – una deliciosa comida casera o algo no tan agradable si nos pasábamos de tiempo.

De igual forma, la sabiduría clama desde fuera por usted cada día, pero hay que ser capaz de reconocer "su" voz cuando llame. Cuando conteste a la sabiduría debe esperar que "ella" tenga riqueza, honor, abundancia duradera y prosperidad aguardando por usted.

Muchos empresarios que adquirieron abundancia y prosperidad en el mercado las pierden porque la sabiduría no los acompaña. La sabiduría del Verbo Divino lo coloca a usted en la posición de obtener riqueza y honor, así como *abundancia y prosperidad duraderas,* lo que muchos empresarios desean. Manténgase conectado con la Palabra de Dios y con la voz del Espíritu Santo para conservar aquello que el Padre le ha concedido.

La sabiduría no trae con ella el hecho de vivir, sino la vida misma – es la Vida a la manera de Dios. Es la Vida plena. ¡Una vida que va más allá de todo lo que usted haya imaginado! Es la vida que el Padre ha destinado para usted, mientras le da la oportunidad de usarla para tocar las vidas de otros.

La Sabiduría va acompañada por la fuerza del favor. Esa palabra significa: satisfacción, placer, gozo y deleite. Estas son las cosas que el Padre tiene guardadas cuando usted corre hasta Su casa después de responder al llamado de la Sabiduría. ¡Esta es la única vía para obtener riqueza, honor, abundancia, prosperidad y favor en el mercado!

Evaluación Personal

¿Está la riqueza, la abundancia, el honor, la prosperidad y el favor de manera evidente en mi vida?

¿Estoy empleando suficiente tiempo en la presencia del Espíritu Santo para obtener Su Sabiduría?

Oración

Padre, te doy gracias por el llamado de la Sabiduría. Tendré listo mi oído para escuchar tu voz hoy y seguir tus enseñanzas. Tu Sabiduría trae abundancia, riquezas, honor, prosperidad y favor – Yo los recibo de ti hoy en el nombre de Jesús.

Declaración del día

Declaro que mi oído está abierto al llamado de la Sabiduría. Declaro que si respondo a ese llamado, recibiré riquezas, honor, abundancia, prosperidad y el favor del Señor desde este día en adelante.

~ *Mis Notas* ~

_____

_____

_____

_____

_____

_____

_____

Clave #9

~ No Derroche sus Palabras ~

El que corrige al burlón se gana que lo insulten;
el que reprende al malvado se gana su desprecio.
[8] No reprendas al insolente, no sea que acabe por
odiarte;
reprende al sabio, y te amará.
[9] Instruye al sabio, y se hará más sabio;
enseña al justo, y aumentará su saber..
(Proverbios 9:7-9 NIV)

El tiempo es uno de los bienes más preciados que usted posee. Es algo que nunca puede ser reemplazado y significa dinero, por tanto usted debe guardarlo con suma diligencia. A medida que usted comience a mostrar señales de éxito, encontrará muchas personas que le buscarán para pedirle consejo. Dicho esto, tenga en cuenta que cuando usted habla con otras personas está consumiendo de su tiempo, luego, no derroche sus palabras.

Cuando alguien necesita ayuda o viene a mí para que le enseñe sobre su negocio o sobre cómo comenzar un negocio, espero que puedan recibir mi consejo y actuar en consecuencia. Cuando usted ofrezca consejos de negocios a otras personas tome nota de aquellos que "ponen las piernas" ante la experiencia y los consejos que les ha dado. En otras palabras, seleccione a las personas capaces de tomar la instrucción que les ha dado y ponerla a funcionar. Este es el tipo de gente que merece disponer de su sabiduría y conocimiento. Sólo una nota, a toda costa evite aquellos que constantemente piden consejo pero se oponen a la enseñanza que se les ofrece – especialmente cuando usted se ha probado a sí mismo en ese campo del mercado.

Aquellos que aman la sabiduría acogen de buen grado la enseñanza. Los que no lo hacen y presentan oposición cuando usted les instruye; o quienes no asumen los conceptos que usted expone, demuestran no ser la clase de personas que usted querría beneficiar invirtiendo sus palabras y tiempo en ellas. Las personas erráticas siempre pondrán excusas a la hora de explicar por qué no asumieron la instrucción. Cuando usted enseña a las personas correctas éstas aprovechan su aprendizaje. Fíjese en aquellos que usted puede enseñar y son personas susceptibles de incrementar sus conocimientos. Los reconocerá por el simple hecho de que cuando vienen a usted por consejos, finalmente usted verá el fruto de su labor. No trate de corregir o de buscar aquellos que han venido ante usted por sus consejos y no actúan según ellos. El trabajo del alumno es buscar al maestro, no a la inversa. Recuerde, no derroche sus palabras y no derrochará su tiempo.

Evaluación Personal

¿Quién ha venido ante mí por consejos de negocios? ¿Han asumido la instrucción impartida?

¿Están mis palabras y mi tiempo invertidos en las personas correctas?

Oración

Padre, te doy gracias por aquellos que has colocado en mi vida para recibir instrucción. Concédeme la sabiduría y el discernimiento del corazón hoy para que mis palabras y mi tiempo sean productivos para los demás, para mí y sobre todo para tu Reino, en el nombre de Jesús.

Declaración del día

Declaro que no derrocharé mis palabras hoy. Prestaré atención y emplearé mi tiempo y mis palabras en aquellos que desean recibirlos y ponerlos en marcha. Yo serviré a los que el Padre me envíe siempre que el fruto de mi labor sea evidente.

~ *Mis Notas* ~

_____

_____

_____

_____

_____

_____

_____

Clave #10

~ ¡No Más Afán! ~

**La bendición del SEÑOR trae riquezas,
y nada se gana con preocuparse.** *(Proverbios 10:22 KJV)*

¿Alguna vez ha sentido como si estuviera dando vueltas con sus ruedas? ¿O como si estuviera sentado en un carro atascado en el fango, sin ayuda y necesitando un empujón? Bien, este es el escenario perfecto para describir lo que significa "afanarse". No es una buena sensación bajo ningún medio... Cuando usted examina la escritura citada puede pensar que la palabra "preocuparse" significa tristeza, pero la definición Hebrea de la palabra sería "no afanarse". El Padre Celestial ha hecho posible para usted ser rico sin preocuparse.

El afán entró en escena en el libro del Génesis cuando Adán y Eva pecaron. El resultado fue que Dios le dijo a Adán que en lo adelante comería del sudor de su frente – eso representa el afán. Este es, por tanto, el resultado de una maldición. Significa lucha, labor fatigante; ganarse las cosas con gran dificultad. Tengo buenas noticias para usted: ¡nunca más estará bajo esa maldición gracias a la sangre vertida por Cristo Jesús!

No estoy diciendo que el trabajo es innecesario ni es mi intención confundirle, pero hay una diferencia entre trabajar y afanarse. El trabajo es su misión en la Tierra. Es lo que Dios le ha llamado a hacer. En este caso le ha llamado a ser un empresario. Es algo que usted asume con mucho placer y que siempre querrá hacer. Cuando está trabajando, la bendición del Señor se muestra y El lo hará rico – o le dará prosperidad y lo sacará adelante sin gran dificultad, fatiga o lucha. La gente que se afana odia su trabajo o su negocio y lo hacen principalmente por el dinero. A causa de la gracia mencionada, usted tiene una ventaja "injusta" sobre cada integrante del mercado que no esté relacionado con el Padre Celestial. Usted es el tipo de persona que atraerá oportunidades y éxito incluso aunque haya otros que puedan estar más calificados.

Esta es la bendición, es la gracia – palabras dichas sobre usted por el Padre cuando usted entró en el Reino que lo propulsará adelante hacia el éxito. Él le habló en ese momento y su palabras vivas de bondad, felicidad, prosperidad y favor cayeron sobre usted. ¡Por ello, en su vida no habrá más afán!

Evaluación Personal

¿Trato de alcanzar el éxito en los negocios por mi propio esfuerzo?

¿Siento que doy vueltas y más vueltas a las ruedas y nada sucede?

Oración

Padre, te doy gracias por la bendición del trabajo que me enriquece y no lleva consigo la preocupación y la fatiga estéril. Te doy gracias, Padre porque nunca más necesito afanarme a causa de haberme liberado de la maldición. Tú has dicho palabras de bondad, felicidad, prosperidad y favor sobre mí, y ellas han propiciado mi superación económica, en el nombre de Jesús

Declaración del día

Declaro que la bendición del Señor me hace rico. Recibo bondad, felicidad, prosperidad y favor en mi vida. Decreto y declaro que he superado mis beneficios en el mercado hoy, en el nombre de Jesús.

~ *Mis Notas* ~

_____

_____

_____

_____

_____

_____

_____

_____

Clave #11

~ Generosidad- El Camino hacia la Prosperidad Financiera ~

El que es generoso prospera;
el que reanima será reanimado.
(Proverbios 11:25 NIV)

¿Es cosa del pasado la generosidad? La mayor parte de las personas están concentradas en lo que necesitan para sí y para sus familias y de alguna manera han olvidado el ser generosos hacia los demás. Yo crecí financieramente enfrentando desafíos, y una parte de nuestras vidas la pasamos bajo subsidio estatal, pero siempre supe que quería convertirme en empresaria. Obviamente, en aquel tiempo la seducción para mí era el dinero que podía hacer. Yo veía el emprendimiento como un medio para realizar mis sueños – la casa, el carro y la buena vestimenta, pero en ninguna parte de mi sueño había espacio para ser generosa con los demás. Después de convertirme en una cristiana, entendí que Dios concede abundancia a aquellos que suelen ser liberales o que son libres para favorecer a los demás. Incluso si usted no es extremadamente afortunado, Dios espera que favorezca a otras personas.

Cuando no reconocemos la generosidad como el camino hacia la prosperidad financiera, tratamos de aferrarnos firmemente a la actividad en la que se tienen resultados. Muchos equiparan los conceptos de donación y de pérdida pero por el contrario, dar no es perder, realmente es ganancia. Una persona generosa es liberal al dar y al compartir – no son egoístas. Salomón dijo que el hombre generoso florecerá, prosperará y tendrá éxito porque ha considerado las necesidades de los demás. De acuerdo con la Escritura, dondequiera que usted siembre, cosechará.

Si usted mira a través de la Biblia, verá que nuestro Padre Celestial es un donante. El establece ese principio y da el ejemplo cuando entrega su Hijo unigénito, Jesús Cristo. Este es el ejemplo eterno de generosidad. Igualmente, las donaciones que usted hace tienen un valor eterno y nunca abandonarán su vida, porque el Padre Celestial nunca olvida sus actos de generosidad. En cierta etapa del juego, su siembra retornará a usted, trayendo abundancia y prosperidad.

Por favor, constate que usted tiene mucha responsabilidad financiera como empresario. El Padre confía que usted tomará la riqueza que El le ha entregado y espera que vaya más allá de la casa de su familia para llegar afuera y tocar las vidas de otras personas. Haciéndolo, usted desatará la fuerza de la generosidad – el camino a la prosperidad financiera.

Evaluación Personal

¿Cómo valoraría Dios mi generosidad en una escala del 1 al 10?

¿Soy liberal en la Iglesia de mi localidad?

Oración

Padre, te doy gracias por la comprensión que me has dado para con la generosidad. Entiendo que soy bendecido por tu Gracia que llega a todos los confines de la Tierra. Gracias a Ti por permitirme ser el mayordomo sobre los negocios que me has confiado. Tú me has dado la ocasión de mostrar tu bondad, tu amabilidad y liberalidad a los demás. Te doy gracias en el nombre de Jesús.

Declaración del día

Declaro que soy generoso y que buscaré a aquellos que el Padre quiera que yo bendiga hoy. La riqueza que el Padre me ha dado está disponible para los demás, pues yo le dejo a Él el gobierno de mis donaciones.

~ *Mis Notas* ~

Clave #12

~ Está bien ser un Don Nadie~

**Más vale menospreciado pero servido,
que reverenciado pero mal comido. (Proverbios 12:9)**

Vivimos en una sociedad donde la gente pretende casi siempre convertirse en lo que no son. Nos escondemos detrás de las casas, los autos, las ropas y las ocupaciones. Cuando fingimos, engañamos a los demás y a nosotros mismos. Por ejemplo, cuando fui creciendo económicamente pudimos recorrer los proyectos de nuevas áreas urbanas y ver algunos autos de la marca Mercedes-Benz estacionados afuera, pertenecientes a personas que conocíamos. Lo gracioso de esto es que esas mismas personas no tenían suficiente comida y estaban obligados a mantener las luces desconectadas para disminuir la cuenta de la electricidad. Ellos parecían estar bien hasta que usted los seguía hasta el hogar y encontraba que eran simplemente personas dadas a aparentar lo que no son. Permítanme decirles algo: es mejor ser un Don Nadie ante los ojos de los hombres, que fingir ser alguien que viste, conduce o vive como un "alguien". He escuchado acerca de esa manera de vivir descrita por el Dr. Leroy Thompson como "tratas de ser grande cuanto más pequeño eres".

Cuando usted trata de llegar antes de tiempo, se encontrará a sí mismo enredado en la trampa de la apariencia de éxito más que participando de un nivel de vida auténticamente exitoso. Los pretenciosos usualmente se encuentran saturados de deudas, tratando de mantenerse dentro de la falsa imagen que han creado de ellos mismos. Cuando el Padre lo creó a usted, ya fue realmente alguien; tanto, que El lo hizo ¡a su propia imagen y semejanza! Incluso ha dicho que es la cabeza y no la cola, que está por encima y no por debajo. La clave para ser realmente alguien es permitirle a Dios que le eleve y haga su nombre grande a medida que usted progresa económicamente. Si usted está prendado de Dios el tiempo suficiente, sabrá que es "alguien".

Sólo recuerde que toma tiempo llegar a ser exitoso. La riqueza y la buena posición en el mercado se ganan poco a poco, trabajo por trabajo y contrato por contrato. Entretanto, no está mal ser un **Don Nadie**.

Evaluación Personal

¿Cómo me presento ante los demás?

¿Trato de mantener un estilo de vida que no he ganado aún?

Oración

Padre, te agradezco por haberme creado a tu imagen y semejanza, gracias a ello soy alguien. Mi valor no se define por las cosas que poseo, sino por lo que soy, en el nombre de Jesús.

Declaración del día

Declaro que soy temeroso de Dios y maravillosamente hecho por El. Camino hacia mi Padre Celestial, que me hizo a su imagen y semejanza. Yo soy alguien. A su tiempo, el Padre me elevará en el mercado y todas las naciones conocerán que estoy bendecido por el Señor.

~ *Mis Notas* ~

_____

_____

_____

_____

_____

_____

_____

Clave #13

~ Vigile su Boca ~

Quien manifiesta el bien, del bien se nutre, pero el infiel padece hambre de violencia.
(Proverbios: 13:2)

El trabajo duro siempre paga – es un principio bíblico, pero no caiga en la trampa de pensar que el "trabajo" individual es todo en sí. Algunos han olvidado la importancia de la lengua. ¿Cuán bueno es todo ese trabajo duro si sus palabras no concuerdan con los resultados que usted desea? ¿Qué ganará si pasa todo su tiempo preparándose para un futuro exitoso y sus palabras contradicen lo que trata de lograr? Es algo similar a construir una casa, dar la vuelta y echarla abajo. De cierto no sería este el resultado que usted desea.

Mientras que las frutas y los vegetales vengan de la siembra, no espero cosechar coles si no he sembrado semillas que producen coles. Igualmente sus palabras tienen el mismo poder que las semillas. La escritura citada habla de un hombre que comerá bien por el fruto de su boca. Simplemente significa que las palabras que usted dice son las semillas de su futuro y determinarán su calidad de vida. ¿Por qué la gente dice cosas que no quiere y sin embargo espera mostrar cosas buenas? Proverbios 18:21 dice: "En la lengua hay poder de vida y de muerte; quienes la aman comerán de su fruto." Hay poder en su boca para evitar decir las cosas que usted no desea que sucedan. Si comienza a concordar con las noticias de la economía o empieza a hablar cosas negativas al respecto de su negocio o de sus finanzas, comerá el fruto de sus palabras. ¡El éxito en el mercado está en su boca!

Momentos difíciles y decisiones duras habrá que tomar. Podrá sentirse al límite en muchas ocasiones, pero usted debe comunicar vida a su negocio y éste florecerá. Llegará a la cima si vigila su boca.

Evaluación Personal

¿Qué clase de palabras estoy sembrando para mi futuro?

¿Estoy de acuerdo con las noticias negativas al respecto de mi negocio o de mi industria?

Oración

Padre, te doy gracias por haber puesto poder creativo en mi boca. Guardaré mi lengua. Comunicaré vida y no muerte a mi negocio. Las palabras de mi boca y las meditaciones de mi corazón serán agradables y aceptables para Ti hoy, en el nombre de Jesús.

Declaración del día

Declaro que he tenido dominio sobre mi lengua. Comunico palabras de vida a mi negocio y me regocijaré en sus frutos. Llamo a los clientes y a los contratos del Norte, del Sur, del Este y del Oeste. Les ordeno que vengan a mí ahora. Declaro que estoy nadando en la abundancia y desbordando el mercado, en el nombre de Jesús.

~ *Mis Notas* ~

_____

_____

_____

_____

_____

_____

_____

_____

Clave #14

~ Mantenga el control ~

Hay caminos que al hombre le parecen rectos, pero que acaban por ser caminos de muerte.
(Proverbios: 14:12 NIV)

Decisiones y decisiones; muchas hay que necesitan ser tomadas por un empresario y todos en su entorno tienen consejos que ofrecer. Muchos se promocionan como expertos en la materia. ¿A cuál seguir? Es crucial estar en el lugar y momento adecuados, mantener el control y rodearse de personas rectas.

¿Alguna vez ha pasado sobre una negociación o inversión que a primera vista da una imagen de perfección? Usted sabe, parece un pato, camina como un pato, hace "cuac" como un pato, ¡pero viene a ser un pollo! Lo que necesitamos averiguar es como evitar aquel camino que **"parece"** justo, pero nos lleva a la destrucción. Usted necesita definir la vía para mantener el control en vez de seguir las huellas de otros, o poner la mirada en una imagen del perfecto contrato que nunca es el único posible de ejecutar.

Hay una sola manera de asegurar el éxito a cada momento – pedir la asistencia del Espíritu Santo en el proceso de toma de decisiones. Personalmente he devuelto varios contratos grandes en el pasado, gracias a que el Espíritu Santo me previno para no aceptar tales negocios. Además he tenido algunos contratos que no he devuelto aunque he sentido que el Espíritu Santo no quería que los tomara – ¡Y qué pesadilla fueron! Al final tuve angustia, problemas y una buena cantidad de estrés que pude haber evitado! Usted no está obligado a descender por una bajada que "parece" llana, sino que puede asegurarse de que está siguiendo la recta dirección obedeciendo la guía del Espíritu Santo.

Las preguntas que tengo para usted hoy son: ¿Estoy en control? ¿Estoy en verdad conectado con el llamado que el Padre me ha hecho en el mercado? ¿Estoy viajando en la dirección que "parece" recta o estoy dejando que el Espíritu Santo guíe mi actividad mercantil? Le recuerdo las palabras escritas por el Rey Salomón: "Hay una vía que parece recta al hombre, pero al final le lleva hacia la muerte." Le aliento a mantener el control hoy y caminar en la ruta y la senda que el Padre ha designado justo para usted.

Evaluación Personal

¿Estoy en la senda del éxito que el Padre ha designado para mí?

¿Me he puesto potencialmente en peligro al participar en una negociación en la que no debería haberme involucrado?

Oración

Padre, te doy gracias por hacer hoy mi camino claro como el cristal. Yo pongo mis ojos en Ti y dejo que me guíes con Tu Espíritu Santo. Al conducir los negocios en el mercado, escojo andar por la ruta que has designado para mí en el nombre de Jesús.

Declaración del día

Declaro que mis pasos han sido ordenados por el Señor. Elijo la ruta de la justicia y evito aquellas personas y negociaciones en las que el Espíritu Santo me advierte sobre los escollos para el éxito. Declaro que mi ruta está hecha con rectitud y mi senda es transparente.

~ *Mis Notas* ~

Clave #15

~ A Prueba de Fallos ~

**Cuando falta el consejo, fracasan los planes;
cuando abunda el consejo, prosperan.**
(Proverbios 15:22 NIV)

Cada vez que me embarco en una nueva idea de negocios, siempre tengo el hábito de circularla entre varias personas – mi esposo, mi pastor y otros buenos amigos. La razón es que tengo la experiencia de muchas decepciones y fracasos a causa de ignorar las palabras de sabiduría que aparecen en la cita de Proverbios 15:22. La Biblia Amplificada dice "Donde no hay consejo, los propósitos se frustran".

La idea de negocios que Dios le ha dado requiere aún que usted se asesore de quienes le ayudarán a "perfilarla" y darle una visión más acabada. Ahora yo entiendo que tenemos al Espíritu Santo que nos concede la sabiduría y la guía, pero Dios desea además que busquemos el consejo divino, ese principio puede observarse a lo largo del Libro de los Proverbios. Los asesores le ayudarán a poner juntas las piezas del pastel. Ellos apuntarán hacia las cosas que usted no pensó o pueden darle información importante y orientaciones que usted nunca hubiera descubierto por sí mismo.

Sólo una palabra de advertencia en cuanto a los asesores que escoja: no comparta el plan o el sueño con gente negativa o con aquellos que asienten siempre a todo lo que se les propone. Usted necesita gente que sean brutalmente honesta – no críticos, no celosos – pero honestos. Salomón predice que sus planes fallarán si usted declina recibir consejo, pero usted puede ser "a prueba de fallos" cuando consulta a diversos asesores.

Los planes pueden triunfar, y lo harán si usted aplica la Sabiduría en su vida. Usted será una potencia en el mercado. Parecerá que tiene el "toque de Midas", simplemente porque se ha hecho a sí mismo a prueba de fallos obedeciendo este antiguo principio de presentar sus planes a los consejeros que Dios manda.

Evaluación Personal

¿He experimentado el éxito con los objetivos y planes que me he trazado?

¿He atendido el consejo de los asesores que Dios me ha mandado para revisar mis planes?

Oración

Padre, te doy gracias por los planes que tienes para mi prosperidad y por concederme el fin esperado. Te agradezco por los miembros de tu cuerpo que has llamado a mi lado para asistirme, asesorarme y aconsejarme en el mercado, en el nombre de Jesús.

Declaración del día

Declaro que soy "a prueba de fallos", porque presento mis planes al consejo de Dios. Gracias a ello, recibo la sabiduría y la orientación necesarias para hacer cada empeño exitoso y cumplir mi propósito en el mercado.

~ *Mis Notas* ~

_____

_____

_____

_____

_____

_____

_____

_____

Clave #16

~ Sólo Ruédelo Hacia Dios ~

**Pon en las manos del SEÑOR todas tus obras,
y tus proyectos se cumplirán.**
(Proverbios 16:3 KJV)

Este capítulo viene siendo una continuación de la clave número 15. Ahora, usted tiene el plan conciliado con sus asesores, todos concuerdan y ¡manos a la obra! Está listo para rodarlo, ¿cierto? Pues no, ¡falso!

Salomón nos aconseja encomendar nuestro trabajo al Señor. La palabra encomendar significa rodar algo hacia alguien, o confiarle un bien a alguien. Encomendamos al Señor nuestras transacciones, nuestra labor y nuestras acciones en el mercado. Observe que Salomón dice que cuando encomendamos nuestros trabajos a Él, nuestros pensamientos se cumplirán. Esto significa que el consejo divino recibido puede ser usado ahora para diseñar su futuro. La opción es similar a la de alguien que teje un estampado al natural o que prepara un diseño previamente. Ahora que esos planes están listos y encomendados al Señor de la Biblia, quedarán establecidos. Sus trabajos serán firmes, perfectos y estables cuando los encomiende a Dios.

Cuando comencé mi negocio, la primera cosa que necesité fue un nombre. Encomendé esto al Señor y en algo más de un día, el Espíritu Santo me dio el nombre para mi negocio al despertar de una cabezada. Yo tomé ese nombre, lo mezclé con otros posibles nombres de negocios y hablé con mis asesores sobre esto. En cada caso individual, ellos escogieron el nombre que el Espíritu Santo me había sugerido. Esa fue mi confirmación.

Usted tendrá una mayor confianza y éxito cuando le permita al Espíritu Santo ayudarle en sus decisiones de negocios. Tome sus planes y pídale al Señor que le confirme si son viables. Él le mostrará las cosas que sus asesores aún no han visto y asegurará que sean establecidos. Cuando Dios dice que vaya a por algo, ¡usted no puede perder! Le recomiendo muy en serio anotar la fecha y la hora en que el Señor le dijo sobre los planes que usted preparaba y no se desalentará cuando le parezca que las cosas no van bien. Sólo déjelas rodar hacia Dios y sus pensamientos se establecerán.

Evaluación Personal

¿Le he confiado a Dios mi trabajo y mis planes?

¿Están mis planes establecidos y firmes en el mercado?

Oración

Padre, hoy te encomiendo mi trabajo y mis transacciones. Yo confío en ti y pongo en tus manos todo lo concerniente a los negocios que me has dejado llevar adelante como tu mayordomo. Hoy te agradezco por establecer mis planes y mis pensamientos.

Declaración del día

Declaro que mis propósitos y planes, mi labor y mis esfuerzos han sido encargados con plena confianza al Señor. Los dones de consejo y de sabiduría que he recibido de Dios se han juntado para producir un plan maestro firme y seguro que yo encomiendo al Señor.

~ *Mis Notas* ~

_____

_____

_____

_____

_____

_____

_____

Clave #17

~ ¡No se Permiten Codeudores! ~

El que es imprudente se compromete por otros, y sale fiador de su prójimo. (*Proverbios 17:18 AMP*)

Más temprano que tarde encontrará a amigo o pariente que anda buscando un codeudor. Es posible que no tenga crédito, o lo tenga pobre o insuficiente. En Proverbios 22:7, la Biblia dice que el deudor es siervo del fiador. Más sencillo: hay un cambio de posiciones en una transacción a crédito. La persona que era su amigo o familiar se ha tornado ahora en su sirviente. Eso crea muchos problemas para ambas partes.

Salomón dice que un hombre pierde el buen sentido financiero cuando hace un compromiso legal para pagar algo ¡por otra persona! Usted no tiene control en absoluto sobre las acciones de los demás. Las personas tienen buenas intenciones y le prometerán el pago de la deuda, pero en la mayoría de los casos usted resultará "quemado". Si la persona no salda sus adeudos, usted tendrá que asumir la responsabilidad que a ella le corresponde. Si esto sucede con su amigo o pariente y usted no puede honrar la obligación contraída, su historial de crédito será afectado. Aún más, si usted necesita adquirir un crédito por cualquier motivo, ser codeudor le reduce adicionalmente el monto que usted personalmente puede pedir prestado. Observe que su "generosidad" puede resultar en un daño a la relación con la otra persona, o en un contratiempo financiero para usted, si el préstamo no es cancelado.

¿Es usted actualmente codeudor de alguien? No se machaque a sí mismo. Ore por la persona para que sea capaz de saldar sus obligaciones. ¿Ya tiene usted su crédito arruinado a causa de ser codeudor de alguien? Deje que esa situación sea una herramienta de aprendizaje para usted. Es hora de arrepentirse y pedir al Señor la ayuda para honrar sus obligaciones y restablecer el buen nombre con sus fiadores.

Dios no quiere que usted opere sin un buen juicio financiero. Él le advierte a través de su siervo Salomón, que evite ser asegurador en la deuda de cualquier otra persona – yo podría añadir, ¡ni siquiera para sus hijos! La Biblia lo expone claramente: ¡No se permiten codeudores!

Evaluación Personal

¿Soy codeudor de alguien? ¿Estoy consciente de que esto es falta de juicio?

¿Estoy endeudado a causa de un codeudor moroso y tengo que pagar por ello?

Oración

Padre, te doy gracias por la sana sabiduría que me brindas en cuanto a ser codeudor de otra persona. Escucharé Tus consejos y no me permitiré ser presionado para adquirir compromisos al respecto de las obligaciones de otros, en el nombre de Jesús

Declaración del día

Declaro que operaré con buen sentido financiero. No dañaré mis relaciones convirtiendo a mis amigos o parientes en mis sirvientes. No cerraré compromisos ni seré garante de la deuda de otro.

~ *Mis Notas* ~

Clave #18

~ La Humildad, Ruta del Honor ~

**Al fracaso lo precede la soberbia humana;
a los honores los precede la humildad.**
(Proverbios 18:12)

¿Alguna vez a escuchado la frase: "Es un gran cabezón"? Realmente no tiene que ver con el tamaño del cráneo, sino con un corazón envanecido y lleno de soberbia. La soberbia u orgullo comienza en el corazón. Es una condición cancerosa de éste, precursora del fracaso. Es la misma condición en que se alojó en el corazón de Lucifer – el ex líder de la adoración de los Cielos. El orgullo hizo morada en él y así perdió su lugar de prominencia en el Reino.

Así usted alcance cierto nivel de éxito probado en los negocios, deberá guardar su corazón del orgullo, pues con los triunfos viene la alabanza y la adoración de los hombres. Casi instantáneamente usted puede pensar: "Eso nunca me pasará a mí". Tenga cuidado de tales comentarios, dado que la Escritura le previene que el corazón es lo más engañoso que existe. Debemos protegerlo y estar listos para cortar el espíritu de la soberbia si asoma su horrible testa.

Proverbios 18:12 declara que la humildad precede al honor, por ello usted debe operar con un corazón humilde si intenta alcanzar una posición honorable. Una persona humilde es modesta; puede manejar los elogios sin que su corazón se sienta elevado sobre los demás. Es usual que las personas le honren y hablen bien de usted, pero debe mantener la alabanza bajo control. Aprenda a dar gracias cuando sea alabado, sin creerse super espiritual. Recuerde que los dones y el éxito que ha experimentado vienen del Padre y que sin El usted no podría haber logrado ninguno de ellos.

Su Padre Celestial no le ha enviado al mercado para que tenga un sentido "inflado" de sí mismo. Le ha enviado para ser bendecido y para bendecir la vida de otros – no para su gloria, sino para la Gloria de El. Si usted se comporta a la altura de esa misión, le exaltará sin medida en el mercado. Usted se encontrará a si mismo en lugares y ante personas importantes que se preguntarán cómo logró llegar hasta allí. Es en ese momento cuando usted puede alertarse a sí mismo y enseñar a los otros que la humildad es la ruta del honor.

Evaluación Personal

¿Cuál es la condición de mi corazón? ¿Tengo un concepto más alto de mí mismo de lo que debiera?

¿Atribuyo mi éxito al Padre, o pienso que mi educación, mi experiencia y mi habilidad son las que me han llevado o me llevarán a un lugar de honor?

Oración

Padre, te doy gracias por cada bien y cada don perfecto que proviene de ti. Me humillo ante tu mano poderosa y confío en que eres Tú quien me mueve a una posición de honor ante los hombres, en el nombre de Jesús.

Declaración del día

Declaro que no tendré un concepto más elevado sobre mi persona que el que debería. Soy capaz de manejar los elogios de los hombres sin que ellos inflen mi corazón de vanidad. En consecuencia, mi Padre Celestial me promoverá a un lugar de honor y prominencia en el mercado.

.

~ *Mis Notas* ~

_____

_____

_____

_____

_____

_____

_____

_____

Clave #19

~ El Celo no es Suficiente ~

El afán sin conocimiento no vale nada;
mucho yerra quien mucho corre. (Proverbios 19:2)

Una persona que actúa con celo es aquella que se entusiasma y apasiona por una cosa, o por un ideal, un sueño o una visión. El conocimiento es el entendimiento potenciado por la observación de una materia o por la participación en ella. Salomón, inspirado por el Espíritu Santo, dijo que el celo sin conocimiento ocasiona la pérdida de la ruta.

En algún momento, cada empresario ha ido adelante "a todo vapor" con cierto proyecto sin el conocimiento necesario y ha terminado en un callejón sin salida.

El impulso es bueno, la pasión debe ser aplaudida, el entusiasmo es un requerimiento. Pero cuando ellos entran en su negocio, usted no puede esperar el triunfo basándose en esos factores solamente. Muchas personas apasionadas, entusiastas e impulsivas ¡han quedado fuera de los negocios actualmente! Por tanto, determínese a agregar conocimiento a su celo.

Antes de comenzar mi propio negocio, trabajé para una compañía algo más de un año y gané una experiencia muy valiosa en la industria de las máquinas expendedoras. Yo no tenía idea de que aquella era una rama en la que terminaría trabajando, pero Dios lo supo. El me puso en esa posición para obtner el conocimiento y la esperiencia que necesitaría para cosechar un éxito importante en ese campo.

Mi Pastor abrió un restaurante. Si le escuché correctamente, él nunca trabajó anteriormente en uno, pero observaba las prácticas, los menús, las meseras y las operaciones en algunos de sus restaurantes favoritos antes de operar el suyo. De esta manera adquirió el conocimiento que, aparejado con el celo, dio por resultado que tuviera gran éxito. ¡Celo y conocimiento, he aquí una poderosa combinación!

Soy una firme convencida de que Dios dice lo que quiere decir y quiere decir lo que dice. Traiga pues a su corazón las palabras del Rey Salomón: no sea precipitado al tomar decisiones. Adquiera primero el conocimiento necesario antes de ponerse en marcha – de lo contrario se arriesga a perder la ruta, porque el celo no es suficiente.

Evaluación Personal

¿Cuáles decisiones de negocios estoy por tomar?

¿He reunido los conocimientos necesarios mediante la observación o la participación?

Oración

Padre, guíame para obtener el conocimiento que necesito para cumplir mi misión en el mercado. Haz que combine mi celo con el conocimiento para que pueda marchar en la ruta correcta y traer gloria a tu nombre, te lo ruego en el nombre de Jesús.

Declaración del día

Declaro que he reunido el conocimiento necesario antes de tomar mis decisiones. No actuaré de manera impulsiva en ningún momento. Dejaré que mis pasos sean ordenados por el Espíritu Santo. En consecuencia, no perderé la ruta, sino que tendré éxito en el mercado.

~ *Mis Notas* ~

_____

_____

_____

_____

_____

_____

_____

_____

Clave #20

~ Pierda la Mentalidad de Lotería ~

La herencia de fácil comienzo
no tendrá un final feliz. *(Proverbios 20:21 NKJV)*

¿Alguna vez ha mirado esos documentales sobre la gente que ha ganado la lotería? Más del 95% ¡caen en bancarrota en un año o menos! Muchos terminan divorciados y viviendo con un estilo de vida bien lejano al sueño que habían concebido para ellos mismos.

Por ejemplo, un hombre de 55 años de edad dirigía una empresa contratista exitosa en West Virginia, cuando ganó $315 millones con el premio gordo de la Lotería. En aquella época fue el monto mayor ganado hasta entonces por un poseedor de un billete sencillo. Él ya tenía un capital de $17 millones y recibió un cheque de 114 millones después de pagar los impuestos. Donó dinero a la caridad Cristiana y a una fundación de apoyo a las familias con bajos ingresos. Aunque hizo algunas cosas buenas con sus ganancias, sus malas acciones superaron las buenas. Fue arrestado dos veces: una mujer lo demandó después de manosearla en una carrera de perros. Los ladrones tomaron del interior de su auto $545,000 en efectivo mientras visitaba un club desnudista. Alrededor de un año después, de nuevo los ladrones le robaron $200, 000 del carro. Caesars Atlantic City le demandó emitir $1,5 millones en cheques sin fondo. Finalmente, la esposa se divorció de él.

Algunas personas simplemente no pueden manejar una suma grande de dinero de una vez, por eso debemos ser maduros en la riqueza. Usted no tiene idea de la cantidad de dinero que lo llevará al borde del precipicio. Cuando se gana algo demasiado rápido, uno es menos apto para apreciar su valor. Es posible "perder la cabeza" si se recibe demasiada riqueza de una vez, sin tener el carácter necesario para respaldarla.

El Padre desea derramar abundancia financiera en su vida, pero El no lo hará demasiado rápido. El libera los recursos de un modo similar a los medicamentos en cápsulas – entregando la dosis adecuada para cada etapa de su vida.   Si usted se muestra fiel con lo que El le ha confiado, el Padre lo incrementará más y más. El nunca le dará lo que usted no es capaz de manejar, de lo contrario podría "recibir una sobredosis" de riqueza y olvidar su propósito en el mercado.

El éxito suyo en el mercado no está en un capital que le "cayó del cielo", porque esa "caída" puede muy bien ser la de su propio negocio ¡si no es capaz de utilizar correctamente los recursos disponibles! Pierda la mentalidad de lotería y permita al Padre liberar la herencia destinada para usted del modo que estime más conveniente.

Evaluación Personal

¿Estoy buscando un capital "caído del cielo" o soy consciente de que la riqueza se reúne poco a poco?

¿Estoy satisfecho con lo que tengo ahora, hasta que el Padre decida promoverme financieramente?

Oración

Padre, te doy gracias por verter riquezas sobre mi vida, de acuerdo con tu conocimiento de qué es lo mejor para mi, en el nombre de Jesús.

Declaración del día

Declaro que no espero ni busco obtener riqueza fácil. Confío en el Padre que sabrá liberar mi herencia según yo adquiera madurez y creo, por tanto, que al final seré bendecido.

~ *Mis Notas* ~

_____

_____

_____

_____

_____

_____

_____

_____

Clave #21

~ ¡Levántese y Trabaje! ~

**El perezoso se muere de deseos,
pero no es capaz de levantarse y ponerse a trabajar.
(Proverbios 21:25 MSG)**

Cuando era niña pensaba que si tenía mi propio negocio no tendría que trabajar. Imaginaba cientos y cientos de personas trabajando para mí, mientras que el negocio "caminaba solo". Usted puede reírse de mí ahora mismo, pues posiblemente haya pensado algo parecido en algún tiempo. Desafortunadamente, mucho de esa ideología la debemos a lo que miramos en la televisión. Yo veía aquellos millonarios que viajaban alrededor del mundo y pasaban los días comiendo en los más finos restaurantes y las noches reposando en las playas bajo la luz de la luna. Lo gracioso era que ellos nunca corrían tras el dinero y parecía que nunca trabajaban. Usted sabe que esa situación en su mayor parte está muy lejos de la verdad. Al menos dos tercios de la comunidad millonaria invierten de 45 a 55 horas a la semana haciendo aquello que la mayoría de la gente trata de eludir – el trabajo.

Cuando puse en marcha mi propio negocio, contraté varios agentes de telemercadeo y les permití hacer la mayoría del trabajo externo por los medios, mientras yo atendía las ventas y el servicio final a los clientes en la empresa. Con mucha rapidez me percaté que aquellos empleados no tenían el mismo corazón que yo para el negocio, entonces tuve que volver atrás y ocuparme de la parte real del trabajo de la empresa, para proteger lo que Dios me había dado.

Usted tiene que levantarse temprano en la mañana, chequear la empresa y determinar si todo marcha según lo programado. Seguir las tareas delegadas para asegurarse que han sido hechas con el mayor grado de calidad. Nunca asuma la mentalidad de que todo está hecho y que su labor terminó.

A cualquier costo, nunca se permita a sí mismo ser perezoso en su ética laboral. No deje la empresa en las manos de los colaboradores pensando sólo en controlar el negocio de vez en cuando para recoger sus ganancias. Ninguna persona de negocios inteligente transfiere su futuro hacia otro individuo. El Padre confió en usted para dirigir esa empresa y es su responsabilidad asegurarse de que todo está operando adecuadamente. Salomón dijo que la gente perezosa muere de hambre porque no se levantan a trabajar. No deje que eso le suceda a usted con su presencia en el mercado. ¡Levántese y trabaje!

Evaluación Personal

¿Tengo una rutina diaria de trabajo establecida y la cumplo?

¿Estoy delegando en otros para dirigir mi negocio sin mi observación y control personal?

Oración

Padre, te doy gracias por el negocio que me has dado. Yo seguiré siendo fiel y diligente en el mercado. Te agradezco por la fortaleza que me das para levantarme diariamente y cumplir tu voluntad y tus deseos, en el nombre de Jesús.

Declaración del día

Declaro que me levantaré temprano cada mañana y que supervisaré y me encargaré con la debida competencia de los eventos de mi empresa. Seré diligente y enérgico a la hora de abordar mis tareas diarias.

~ *Mis Notas* ~

_____

_____

_____

_____

_____

_____

_____

Clave #22

~ Reconozca las Señales de Alerta ~

**El prudente ve el peligro y lo evita;
el inexperto sigue adelante y sufre las
consecuencias. (Proverbios 22:3 NIV)**

Hay empresarios que corren detrás de todo lo que luzca o suene bien. Ellos creen en todo lo que les cuentan y siguen a cualquiera que aparente ser exitoso. Al final, este tipo de personas experimenta algún tipo de desventaja, pérdida o sufrimiento a causa de sus acciones. Salomón menciona un atributo llamado prudencia. Es un término que hemos escuchado muchas veces, pero ¿qué es realmente ser prudente? Es una persona sensata, de buen juicio, cauta ante los peligros o riesgos, y sabia a la hora de manejar los asuntos prácticos.

Al operar en el mercado, usted debe ser capaz de mirar a cada oportunidad desde todos los lados de la ecuación – no sólo desde el ángulo positivo. Así es como se mantiene el equilibrio en la vida y en los negocios y se evitan las consecuencias o penalidades de las que habla Salomón. El recomienda tomar refugio o esconderse del peligro cuando éste se revela. No se mantenga en una dirección simplemente porque en el papel la negociación parece "un pan" o porque ha visto un éxito financiero en la vida personal de quien la está presentando. ¡Esto puede no ser para usted! Creo que lo he mencionado antes: sólo porque parece un pato, camina como un pato y hace "cuac" como un pato, ¡no significa que sea un pato!

Estoy convencido que la sabiduría y el sano juicio – los rasgos característicos del ser prudente pueden solamente llegar a través de la guía del Espíritu Santo. No pudo decirle el número de situaciones en las que fuí salvada porque el Paráclito me reveló los peligros que yacían delante de la oportunidad que buscaba. Por otra parte, también hubo un número de veces que el Espíritu Santo me alertó a no concertar un acuerdo con un cliente o empresario específico porque Él sabía que el sufrimiento sería el resultado que finalmente obtendría.

El éxito de usted en el mercado y la capacidad que demuestre para glorificar al Padre, sólo es posible si es capaz de reconocer las señales de alerta. Eso incluye la habilidad para ver el peligro en el medio natural, cuando es revelado a usted por el Espíritu Santo, y la disposición de protegerse. Si lo omite, pagará la penalidad.

Evaluación Personal

¿He sido alertado por el Espíritu Santo de las posibles obstáculos que yacen delante de cualquier alianza o negociación que estoy considerando?

Oración

Padre, permito que el Espíritu Santo tome control de mi vida hoy. Te pido que abras los ojos de mi espíritu, para que yo pueda caminar en prudencia y evitar los escollos que yacen delante, en el nombre de Jesús.

Declaracion del día

Declaro que seré prudente. Ponderaré los riesgos y evitaré las alianzas, los contratos y las relaciones que el Espíritu Santo me revele como peligrosas. Tendré un corazón sabio y con discernimiento y evitaré así las penalidades que caen sobre los imprudentes.

~ *Mis Notas* ~

Clave #23

~ No sea Despedido con las Manos Vacías ~

No envidies en tu corazón a los pecadores;
más bien, muéstrate siempre celoso en el temor del
SEÑOR.
[18] Cuentas con una esperanza futura,
la cual no será destruida. (Proverbios 23:17-18 MSG)

Parece que los pecadores o los "rebeldes incautos" prosperan y no tienen preocupaciones. Incluso nuestros hijos observan a los que se comportan como si Dios no existiera, y se preguntan cómo esas personas pueden vivir del modo en que lo hacen y aún prosperar. Le dejaré penetrar en un secreto. David dijo: **"Sentí envidia de los arrogantes, al ver la prosperidad de esos malvados. Hasta que entré en el santuario de Dios; allí comprendí cuál será el destino de los impíos"** [Sal 73: 3, 17 NVI].

Jesús dijo: **"¿De qué le sirve al hombre ganar el mundo entero si se pierde la vida?"** **[Marcos 8:36 NIV]**.

Un amigo mío que es agente de bienes raíces trabaja para un corredor que usa prácticas mañosas para vender propiedades y obtener listados. Ellos aplicaban la mano dura a su manera en las negociaciones, presionando a las personas más sencillas. Un individuo así es lo que la Escritura llama "un rebelde incauto". Al final, será pesado en la balanza y hallado falto. Salomón nos exhorta a "sumergirnos" en el temor de Dios como un remedio contra este tipo de estilo de vida venenoso. Una parte del temor de Dios – es odiar la maldad.

Usted puede observar personas que no estan sirviendo al Señor, y parece como si estuvieran prosperando, pero no se compare a sí mismo con esos "rebeldes incautos". No se preocupe acerca de qué auto conducen, o qué tipo de casa habitan o qué clase de ropa usan. Si ellos continúan en ese curso torcido de la existencia, al final serán echados con una brazada de nada y despedidos con las manos vacías, que es el destino de todo aquel que rechaza al Señor Jesús Cristo.

Por mucho que el Padre quiera que usted, como cristiano, sea exitoso en el mercado, porque sus triunfos le traen a Él Gloria, el futuro de los hombres de Dios no descansa en ello. Su porvenir descansa en mantener los ojos en Dios, no en los hombres, y culminar la misión que Él le ha planteado. Lo que importa, más que todo es la relación que mantenga con El. El verá que tiene una buena casa, un buen carro y todo lo demás; pero, a diferencia de sus rebeldes contrarios, usted no será despedido con las manos vacías.

Evaluación Personal

¿Envidio el éxito de los malvados?

¿Me he "sumergido" en el temor de Dios?

Oración

Padre, te doy gracias porque mi lote en esta vida está seguro. Todo lo que tengas para mí será liberado en la medida que me sumerja en el temor del Señor y me mantenga enfocado en Ti. Al final tendré una vida abundante y plena de sentido, en el nombre de Jesús.

Declaración del día

Declaro que no contrastaré mis éxitos o la ausencia de ellos con los de las personas que rechazan a Dios, ni permitiré que la envidia ocupe un lugar en mi corazón. Me sumergiré en el temor de Dios para que mi futuro sea abierto.

~ *Mis Notas* ~

Clave #24

~ ¿De Qué Está Usted Hecho? ~

**Si en el día de la aflicción te desanimas,
muy limitada es tu fortaleza. (Proverbios 24:10 MSG)**

TAG Heuer tuvo una campaña hace algunos años llamada: "De qué está usted hecho". La campaña presentaba a varias personas célebres, incluyendo a María Sharapova y Tiger Woods. En los comerciales ellos brindaban una visión sobre sus éxitos y sus valores. Ahora, si usted sabe algo sobre publicidad, entenderá que se hizo una conexión entre la celebridad de esas personas, los relojes TAG... ¡y usted! Realmente se trataba de trasladar al subconsciente del espectador que el reloj "lo hacía a usted". El objetivo era llevarle a identificar a la persona célebre y al reloj como un símbolo del éxito, y a creer que la posesión del cronómetro podría convertirlo a usted justamente en alguien como Tiger Woods o María Sharapova.

Le hago la pregunta siguiente: si las cosas se tiran cuando la economía falla – ha pasado y volverá a pasar, y cuando usted enfrenta tribulaciones en su negocio,

"¿de qué está usted hecho?" El valor de su persona no está en las cosas externas que posee, sino en las cosas que usted lleva dentro. Luego, le hago de nuevo la pregunta de marras: "¿De qué está usted hecho?" Ante una economía colapsada, muchos cristianos encuentran que no estaban enraizados y cimentados en la Palabra de Dios. El miedo y la duda surgieron dentro de sus corazones, a causa de haber perdido sus trabajos, o de ver la decadencia de sus negocios. Muchos quedaron devastados financieramente. Es fácil parecer sólido y estable cuando todo parece ir bien en su entorno, pero ¿qué sucede cuando usted entra en un momento o una estación de crisis? Es el interior de su persona lo que le mantiene a usted sólidamente cimentado.

Si es usted un agente de bienes raíces conoce esto: cualquiera puede vender casas cuando el mercado está en alza. Yo conozco personalmente algunos agentes cristianos que aún prosperan en el medio de la llamada crisis inmobiliaria. Sólo empleo el caso como un ejemplo, debido a que muchos en la rama sufrieron grandes pérdidas. Si usted sólo prospera cuando todo va bien, tiene que preguntarse: "¿De qué estoy hecho?" ¿Sabe usted cómo funciona la Palabra que se aloja en su interior? ¿Sabe usted que es parte de una alianza? Jesús ha dicho que el hombre que escucha la Palabra y la cumple es como una persona que construyó su casa en la roca y cuando los vientos y las olas vinieron ¡no se tambaleó! [Ver Lucas 6:48]

Aquello de que usted está hecho, no la clase de reloj que usa, determinará su éxito en el mercado. La Palabra de Dios, si actúa sobre la base de la fe, ¡le traerá prosperidad en cualquier tiempo! Es entonces cuando, no si surge una crisis, que usted no se caerá en pedazos, sino que será capaz de mostrar al mundo de qué está usted hecho.

Evaluación Personal

¿Conozco quién soy en Cristo Jesús?

¿Me veo como el Padre me ve?

Oración

Padre Celestial, te doy gracias por crearme a tu imagen y semejanza. Gracias a ello soy capaz de levantarme en tiempo de crisis. Mi identidad y mi valor consisten en Ti, en el nombre de Jesús.

Declaración del día

Declaro que mi valor ha sido establecido por mi Padre Celestial, puesto que Él me ha hecho a su imagen y semejanza. Soy capaz de levantarme en medio de la adversidad gracias a que Su Espíritu vive en mí y yo conozco quién soy en Él.

~ *Mis Notas* ~

_____

_____

_____

_____

_____

_____

_____

Clave #25

~ Ponga su Confianza en la Competencia ~

Confiar en gente desleal en momentos de angustia es como tener un diente picado o una pierna dislocada. *(Proverbios 25:19 AMP)*

¿Alguna vez ha tenido un diente roto o una pierna dislocada? Yo tuve esa dolorosa experiencia en una ocasión. Salomón dice que si ponemos nuestra confianza en un hombre desleal – una persona que resulta indigna de confianza o insegura en tiempos difíciles, ¡será igual que sufrir el dolor de un diente roto o un miembro dislocado!

¿Ha notado alguna vez que la persona más ocupada en la oficina siempre está expuesta a atraer más trabajo? Eso tiene que ver con el hecho de que el dueño del negocio o el gerente tienen confianza en la competencia de esa persona. Ellos saben que el trabajo estará bien hecho. Si tiene personas trabajando para usted en las cuales no pueda tener confianza por no ser competentes, le sugiero con apremio que les reemplace.

Si tiene personas trabajando para usted o asociados en su círculo de negocios que hayan probado ser desleales o indignos de confianza, de nuevo, le sugiero con apremio que haga algunos cambios. No se puede esperar tener éxito en el mercado si se rodea usted con personas de estas cualidades y carácter.

De todas las personas que yo he tenido empleadas, una señora que puede sacarse del montón fue Wilma. Ella tuvo gran respeto por mí y era capaz de conectar con la misión que yo quería cumplir en el sector empresarial donde opero. Si le daba una tarea, nunca tuve que preocuparme si sería cumplida en tiempo y forma. Cuando ella pasó a mejor vida fue devastador para mí, no sólo porque se había convertido en una amiga cercana, sino porque sabía que ella era un diamante en bruto y que sería poco menos que imposible reemplazarla.

A causa de que muchas personas sólo buscan recibir un cheque, será difícil colocar la persona apropiada en el lugar para apoyar su visión. Su objetivo debe ser rodearse de persona que le hagan lucir bien a usted y al Padre Celestial en el mercado. ¡Nunca contrate a personas sólo por cubrir un puesto vacante! La primera cosa que usted debe hacer es preguntarle al Espíritu Santo si esa persona merece ser incorporada a su equipo. Mientras espera la respuesta, compruebe su trayectoria laboral y busque información sobre cómo sirvió a su anterior empleador. Si no tiene confianza en su competencia, no la contrate.

Remueva y no contrate aquellos que son desleales, antes de que ellos sean tan dolorosos como un diente roto o un pie dislocado a la hora en que se presenten los problemas. Ponga su confianza en la competencia.

Evaluación Personal

¿Tengo empleados o voluntarios en mi entorno que gozan de mi confianza?

¿Estoy dispuesto a realizar los cambios necesarios según la guía del Espíritu Santo?

Oración

Padre Celestial, pongo mi confianza solo en ti. No me inclino ante mi propio entendimiento, sino que reconozco tus orientaciones a la hora de contratar un empleado o un miembro del equipo de dirección. Confío y dependo de tu guía por medio del Espíritu Santo, en el nombre de Jesús.

Declaración del día

Declaro que el Espíritu del Señor me guía en cada decisión tomada hoy. No dependeré solamente de los datos calificativos; dejaré Él me infunda el don de discernimiento que necesito para completar mi equipo de trabajo.

~ *Mis Notas* ~

_____

_____

_____

_____

_____

_____

_____

_____

Clave #26

~ Superar los Obstáculos ~

**Dice el perezoso: «Hay una fiera en el camino.
¡Por las calles un león anda suelto!».
(Proverbios 26:13 KJV)**

La pereza u holgazanería es prima de la dilación, puesto que consiste en eludir o posponer una jornada laboral o una misión hasta que... La persona perezosa tiene la tendencia de evitar situaciones que requieren de ella rebasar la norma para realizar un trabajo bien hecho. Si la tarea es fácil, los holgazanes van por ella, pero si es necesario un esfuerzo adicional, ella o él comenzarán a presentar toda clase de excusas, de ahí que no puedan cumplir sus propios objetivos y sueños. El hecho de que esté leyendo este libro me dice que usted no es perezoso, sino una persona que desea aprender y aplicar la sabiduría fundada en la Palabra de Dios.

Yo tuve la oportunidad de hablar con muchas personas que han compartido conmigo su sueño de ser empresarios, pero en el curso de la conversación, ellos siempre tenían una razón por la cual nunca buscaron la visión espiritual dada y establecida por Dios dentro de ellos mismos. Dónde ellos se concentraban fue uno de los motivos por los cuales no pudieron triunfar – eso es lo que la persona holgazana hace. Están inmovilizados por el miedo al fracaso. Son como aquellos que miraban a Goliat mofarse del ejército de Israel diariamente, ¡y todo lo que podían ver era el obstáculo de un pie 9.9 en su camino!

Desee ser como David y aprenda como formular una estrategia de maniobra en su camino para superar el obstáculo. No se focalice en el obstáculo; sí, usted sabe que está ahí, pero su foco debe ser sobrepasarlo. En algún lugar de la jornada hasta este punto usted ha aprendido de la vida varias lecciones y yo creo que su respuesta para vencer cualquier impedimento que enfrente o deba enfrentar más adelante, ya ha sido aprendido. David extrajo de su memoria y de su experiencia como pelear con el león y con el oso. ¡En su mente había suficientes recursos para eliminar a Goliat y ganar la recompensa financiera que estaba asociada con su derrota!

Sin importar los escollos que usted enfrenta, el Padre Celestial le ha equipado ya para vencerlos. Deje que el Espíritu Santo le muestre cómo extraer de sus experiencias previas y le conceda la sabiduría necesaria para eliminar los obstáculos que aparezcan en la actualidad.

"Para el diligente, una semana tiene siete días, para el perezoso la semana tiene siete mañanas"

- Proverbio Alemán-

Evaluación Personal

¿Qué obstáculos enfrento o creo que deberé enfrentar mientras establezco mi negocio en el mercado?

Oración

Padre Celestial, te doy gracias anticipadamente por el aliento que me das para vencer cada obstáculo que deba enfrentar. Gracias a ti por concederme la sabiduría, la mente sana y las experiencias que ya tuve, las cuales me guiarán hacia la victoria, en el nombre de Jesús.

Declaración del día

Declaro que he sido equipado por el Padre para vencer cada obstáculo. No me detendré ni me distraeré ante los impedimentos que experimente o ante aquellos que yacen adelante. No renunciaré hasta la victoria.

~ *Mis Notas* ~

_____

_____

_____

_____

_____

_____

_____

Clave #27

~ Conozca su Condición Financiera ~

**Asegúrate de saber cómo están tus rebaños;
cuida mucho de tus ovejas; (Proverbios 27:23)**

¡Quiero que alguien pueda contarme sobre este Proverbio 10 años atrás! Cuando leí esta escritura por vez primera, pensé que los rebaños referidos aquí eran cabras y vacas y otros animales. Pero tenemos que ser lo suficientemente hábiles para tomar la Palabra de Dios y hacerla relevante para nuestras vidas en la actualidad. Usted probablemente nunca ha tenido rebaños, pero tiene una empresa, y dinero e inversiones. Asumir o conocer su condición financiera en todo tiempo le mantendrá preparado para el futuro.

El verdadero primer año que entré en los negocios, hice $100,000. Los hice y los gasté. Ahora no estoy diciendo que hice nada malo con la suma. Yo cumplo con el diezmo y fui generosa con varios ministerios, pero no me tomé mucho tiempo para evaluar mi condición financiera. Tenía mucho dinero entrando cada semana, y comencé a dejar de balancear mi chequera algunas semanas, ¡hasta que terminé gastando el dinero de mi salario y teniendo muchos menos haberes en mi cuenta que los que pensaba! Al término de aquel primer año, cuando fui ante mi contador y tuve mi declaración de impuestos lista, llegué a la conclusión de que no sabía la condición de mis rebaños. ¡Esa fue la llamada de mi despertador! Desde aquel momento hasta hoy, me aseguro de que mi chequera sea balanceada diariamente. En todo tiempo conozco cuáles son mis activos y dónde están ubicados. Estoy alerta en cuanto a lo que debe ser usado para inversiones, publicidad, retorno de deudas, contribuciones al fisco y para gastos personales. Nunca baso los gastos de mañana en el éxito de hoy, puesto que en los negocios, las ventas fluctúan. No podemos especular a partir de nuestro éxito, sino tomar tiempo para planear y estar listos para el porvenir. Sea muy cuidadoso en cuidar de sus rebaños y preste atención a sus ovejas.

Cuando el éxito comienza a manifestarse, usted puede pensar que el dinero siempre continuará fluyendo de la misma manera, pero eso no es verdad. Ocurrirán alzas y bajas en el mercado y gastos imprevistos surgirán. ¿Puedo ofrecerle un consejo sano? Conozca cuánto dinero está ingresando y cuanto está saliendo de su caja. Usted debe tener algún tipo de presupuesto escrito que cubra todo lo relacionado con inversiones, contribuciones fiscales, inventarios, ahorros, gastos y otros renglones. Encuentre un buen contador que esté actualizado de las últimas legislaciones fiscales. Asuma personalmente la tarea de balancear su chequera al menos tres veces a la semana. Este es el consejo más valioso que puedo darle. Si adquiere tales hábitos, pronto ascenderá a otro nivel financiero, pues estará vigilando "el estado de sus rebaños y prestando atención a sus ovejas".

Evaluación Personal

¿Tengo un presupuesto escrito?

¿Tengo un contador calificado para ayudarme a mantener mis estados financieros en orden?

¿Mantengo balanceada mi chequera?

Oración

Padre, concédeme la sabiduría para manejar mis asuntos financieros. Deseo honrarte en el mercado con la manera en que manejo la riqueza de tu Reino. Asísteme para encontrar la ayuda que necesito para mantener la organización de mis finanzas, en el nombre de Jesús.

Declaración del día

Declaro que camino hacia la sabiduría financiera y que me rodeo con las personas y los recursos necesarios para monitorear la condición de mis finanzas.

~ *Mis Notas* ~

_____

_____

_____

_____

_____

_____

_____

Clave #28

~ Lealtad = Prosperidad ~

El hombre fiel recibirá muchas bendiciones; el que tiene prisa por enriquecerse no quedará impune. (Proverbios 28:20 KJV)

¡Cuán difícil es encontrar personas fieles en la sociedad actual, especialmente en el mercado! Todos se preocupan hoy por correr en pos del sueño del éxito y la riqueza. Este versículo de la Escritura habla de un "hombre fiel" que será abundantemente bendecido. Esto es, una persona firme, estable y digna de confianza, crecerá, multiplicará y obtendrá prosperidad en la gracia de Dios.

El Padre Celestial hace una promesa a aquellos que puedan mantenerse firmes, estables y dignos de confianza – serán colmados de Sus bendiciones. A usted le corresponde entonces establecer las prioridades y concentrarse en ellas. Adoptar un orden del día prefijado para su jornada de trabajo. Sea leal con sus clientes y fiel al llamado de ser firme y estable en reunir riquezas para el Reino; entonces el Padre multiplicará los bienes que le ha concedido y usted prosperará. La bendición del Señor trae felicidad, bienestar, favor y prosperidad, y El las derramará en cada área de su vida. La fidelidad es el requerimiento para tomar parte en esa promesa.

Sin embargo, hay otra cara de la moneda para tal promesa: una persona ansiosa por enriquecerse – lo que caracteriza a mucha gente en nuestra sociedad, no quedará impune por sus actos. Hay una penalidad que pagar cuando nos hacemos ricos a costa de otros. Un individuo que se precipita a enriquecerse hará cualquier cosa con tal de conseguir dinero.

Créalo o no, en cierta ocasión un hombre de negocios cristiano me dijo que ¡haría cualquier cosa por el dinero! En menos de un año, el caballero terminó hurtando a un conjunto de personas, perdió su licencia aseguradora y ¡tuvo que cumplir tiempo en prisión como resultado de sus acciones!

1 Timoteo 6:10 dice: **"Porque el amor al dinero es la raíz de toda clase de males. Por codiciarlo, algunos se han desviado de la fe y se han causado muchísimos sinsabores".**

La gente que ama el dinero está ansiosa por convertirse en ricos. El amor al dinero ha ocasionado que muchos se desvíen de la fe. Sea usted fiel y digno al llamado que el Padre le ha hecho. En consecuencia, abundarán las bendiciones, porque la fidelidad y la lealtad conducen a la prosperidad.

Evaluación Personal

¿He probado la fidelidad de mi persona en el mercado?

¿Estoy ansioso por convertirme en rico?

Oración

Padre Celestial, deseo ser leal en el Mercado. Más que cualquier otra cosa, quiero que me ayudes a mantenerme fiel y comprometido contigo de acuerdo con los propósitos y planes que tienes para mi vida. Gracias, en el nombre de Jesús.

Declaración del día

Declaro que mi corazón está comprometido con el Señor. Soy fiel en todo lo que el Padre me ha confiado. No estoy ansioso por convertirme en rico, ni arriesgaré a otros para obtener ganancia financiera. Declaro que mi fidelidad me conducirá a la verdadera prosperidad.

~ *Mis Notas* ~

_____

_____

_____

_____

_____

_____

_____

Clave #29

~ Cuidar de los Pobres ~

**El justo se ocupa de la causa del desvalido;
el malvado ni sabe de qué se trata.
(Proverbios 29:7 MSG)**

Crecí en Paterson, New Jersey, en un área que después de algún tiempo se convirtió en una especie de "zona de guerra", ruinosa e infestada de drogas. Mi familia estuvo en asistencia social por varios años, y yo siempre me preguntaba por qué éramos "pobres". Cuando fui creciendo comprendí que realmente no éramos pobres, de hecho teníamos más que la mayoría en nuestra área, pero habíamos adquirido una mentalidad de pobreza y no aprovechábamos los bienes que Dios había concedido. Este no es el tipo de "pobre" que refiere Salomón. El habla de las personas "genuinamente pobres", no de aquellas que, teniendo los medios para cuidar de sí mismas, usan el dinero de una manera improductiva en la economía familiar. Diversos ministerios se ocupan de cuidar a las personas que son verdaderamente pobres. Uno de los que viene a la mente de inmediato es "Alimente a un niño". Es un ministerio que se encarga de alimentar y solventar las necesidades de los infantes directamente en los Estados

Unidos. El nivel de pobreza en Estados Unidos nunca cesa de sorprenderme, especialmente por ser esta la tierra de la abundancia. El Padre espera de nosotros que tomemos la riqueza que El nos ha concedido – cualquiera que sea el grado de ella, y la usemos a favor de los pobres. Algunas personas nunca han tenido que prescindir de nada en sus vidas y por lo tanto no tienen un corazón compasivo para con aquellos que realmente están necesitados.

Cuando usted comience a crecer en la riqueza y se establezca en el mercado, tome la decisión de conectarse con un ministerio válido que apoye y se encargue de asistir a los pobres. Ese ministerio puede estar presente en su iglesia; ellos deben tener un programa de promoción para los pobres. Si no lo tienen, busque un ministerio que activamente se involucre en las necesidades de las personas hambrientas y carentes de ropa o de alojamiento.

En Mateo 25:40, Jesús dice: **"Les aseguro que todo lo que hicieron por uno de mis hermanos, aun por el más pequeño, lo hicieron por mí."** Sólo las personas de corazón duro rechazan dar a quienes son verdaderamente pobres. Habrá varias personas que se presentarán a usted como pobres, sin embargo, en realidad son individuos que no han cultivado los bienes que Dios ha puesto en sus manos. No es labor suya cuidar de cada uno, pero sí tiene la responsabilidad de dejarse guiar por el Espíritu Santo y emplear los recursos de su propiedad para alzar las cabezas de aquellos que han sido menos favorecidos. Nunca llegue al punto de olvidar como eran las cosas antes de que usted ocupara la posición en la cual se encuentra hoy. Recuerde siempre cuidar de los pobres.

Evaluación Personal

¿Estoy participando activamente en un ministerio de apoyo a los pobres?

¿Tengo compasión por aquellos que son menos afortunados que yo?

Oración

Padre, tu Palabra dice que cuando doy a los pobres, le presto al Señor. No olvidaré lo que significaba ser pobre, pero seguiré siendo compasivo con aquellos que son menos afortunados que yo. Lo que haga por los menos favorecidos, lo estaré haciendo por ti, en el nombre de Jesús.

Declaración del día

Declaro que soy compasivo con aquellos genuinamente pobres. Cumpliré el mandato del Padre de alimentar, vestir y alojar a los pobres. Espíritu Santo, guíame a un ministerio que apoye tus deseos y propósitos en esta área.

~ *Mis Notas* ~

_____

_____

_____

_____

_____

_____

_____

Clave #30

~ Saber Cuándo Decir No ~

**La sanguijuela tiene dos hijas que sólo dicen:
"Dame, dame." Tres cosas hay que nunca se sacian,
y una cuarta que nunca dice "¡Basta!"
(Proverbios 30:15 AMP)**

¿Cuándo usted piensa en una sanguijuela, qué imagen viene a su mente? Recuerdo un filme donde esta pequeña criatura pegajosa succionaba la sangre del brazo o la pierna de una persona. He visto por TV las sanguijuelas empleadas para tratamientos médicos en algunas sociedades – y no fue una visión agradable. Salomón dice que la sanguijuela tiene dos hijas, dar y dar. Significa que el mendigo nunca se satisface. ¡Seguirá pidiendo más, sin buscar otra salida! Echemos una mirada a cómo usted puede aplicar esta semilla de sabiduría en su vida.

Cuando el Padre lo promueve hacia arriba en la escala del éxito financiero, usted encontrará a miembros de su familia y amigos que están esperando para reunirse con usted en la cima con las manos tendidas. La sanguijuela se presenta en diferentes formas. Puede ser un hermano o una hermana, su mejor amigo, un viejo conocido o incluso un niño. Generalmente esa persona tiene una mentalidad jurídica, y espera que usted sea dadivoso hacia ella por haber alcanzado el éxito financiero y existir una relación entre ambos. Es obvio que no hay nada malo en dar a los familiares o amigos, pero debe saber cuándo decir no. Permítame alertarlo, usted no será popular cuando les diga no. La respuesta más común a su negativa será: "Yo sé que puedes soltarme esos $100, tú has hecho un montón de dinero, ¿qué significa esa suma para ti?" El arma más valiosa de la "sanguijuela" es la lanza de la culpa, que apunta directamente a su corazón. Incluso pueden espetarle la frase: "¡Si tú tienes etiqueta de Cristiano!" Si yo hubiera recibido un dólar cada vez que escuché esas respuestas, ¡sería millonaria ahora mismo!

Lo mejor que puede hacer por una persona es enseñarle cómo ser exitosa. Instrúyala sobre cómo funciona el Reino de Dios de manera que puedan aplicarlo en su propia vida. Si usted continúa dando ante el llanto de las sanguijuelas, éste no parará hasta que le dejen vacío. Usted no es la fuente de su hermano o su hermana – Dios es la fuente de ellos.

Tenga cuidado y no trate de tomar el lugar de Dios al respecto. No obstante, sea sensible a la inspiración del Espíritu Santo, porque después de todo, los recursos que Dios le ha dado, realmente no le pertenecen de cualquier manera. El ha confiado en usted para la progresión del Reino y para ser una bendición hacia aquellos que Él le ha dirigido... luego, ¡conozca cuándo decir no!

Evaluación Personal

¿He permitido que mis familiares y amigos me usen continuamente para lograr beneficios financieros?

Oración

Padre Celestial, ayúdame a proteger la riqueza que me has dado y provéeme con la inteligencia para reconocer a aquellos que quieren usarme para obtener ganancias financieras. Muéstrame cómo asistirles para introducirlos en la vida que tú has deparado para ellos, en el nombre de Jesús.

Declaración del día

Declaro que sé cuándo decir no. Tengo la sabiduría y el discernimiento espiritual que me hacen capaz de identificar a aquellos que quieren explotarme financieramente. Permitiré que el Espíritu Santo me guíe para donar cuando así sea la voluntad del Padre.

~ *Mis Notas* ~

_____

_____

_____

_____

_____

_____

_____

Clave #31

~ La Mujer Virtuousa ~

Proverbios 31 (AMP)

Siempre me agradó la descripción de la mujer virtuosa recogida en Proverbios 31. Después de la lectura, me percaté rápidamente que esa era la manera de ser que deseaba para mí. Desde el versículo 11 hasta el final del capítulo, podemos ver una imagen vívida de una mujer que lo reúne todo en sí misma. El versículo 11 dice que el esposo de la mujer virtuosa confía y cree en ella. El versículo 12 dice que ella conforta, alienta y le hace sólo el bien durante la vida que ambos comparten. El capítulo completo está lleno de los atributos que cada mujer se esfuerza en poseer y cada hombre debe desear en su esposa.

Ella alimenta la familia; ella es trabajadora; ella conforta y alienta; ella provee para la prole. Ella abre su boca con sabiduría y habla con amabilidad. Ella es astuta con sus manos, no es dada a la charlatanería; sus hijos la respetan y hablan bien de ella; ella adora con reverencia y teme al Señor. ¡Qué clase de fémina!

Esa debe ser la meta para cada mujer que lea este libro. Si es usted hombre, le digo que esta es la mujer que el Padre tiene para usted. Coloque alto sus estándares, búsquela con determinación y El se la enviará. Una mujer como esa a su lado le ayudará a alcanzar los propósitos de su vida.

Pero, ¿existen mujeres así? Si, existen, y hay **muchas** entre las mujeres hacendosas que han establecido su nivel de logros de acuerdo con este capítulo del Libro de los Proverbios.

Señoras, si el modelo de nuestras vidas sigue a lo planteado en este capítulo, brillaremos en nuestros hogares y en el mercado. Medite en este capítulo cada día y aplique esos atributos; usted será transformada en "un objeto de belleza".

Hombres solteros, mantengan las líneas de Proverbios 31 ante ustedes y reconocerán a la "esposa" que el Padre les envía en su entorno. Maridos, declaren esos atributos a sus esposas cada día y ¡aprecien cómo él las transforma justo ante sus ojos! Dice la Biblia que la belleza es efímera, pero la mujer que describe Proverbios 31 es un hallazgo raro – una joya.

Una mujer capaz, inteligente y virtuosa - ¿quién es el que puede hallarla?

Evaluación Personal

Mujeres: *¿Cuántos de esos atributos yo poseo? ¿Qué me falta y qué necesito mejorar?*

Hombres: *¿Cuántos de esos atributos posee mi esposa? ¿Cuáles le faltan? ¿Cuáles necesita mejorar? (comience por declararle esas áreas sobre su vida)*

Oración

Padre, deseo ser la mujer virtuosa que Tú has descrito en Proverbios 31. Al meditar en tu Palabra, te doy gracias por convertirme en un objeto de belleza en mi hogar y en el mercado, en el nombre de Jesús.

Declaración del día

Declaro que soy una mujer virtuosa. Adoro con reverencia y temo al Señor. No soy charlatana, sino que aliento y conforto a los que me rodean. Cuando hablo, la sabiduría y la amabilidad son el resultado.

¿Conoce usted a Jesús como su Señor y Salvador?

¡El Señor Jesús Cristo tiene un plan sorprendente para su vida! Él ya ha pagado el precio por sus pecados. Si usted lo invita a entrar en su corazón y en su vida hoy, comenzará a caminar en el destino que ha diseñado justamente para usted.

Diga esta Oración en Voz Alta:

Padre Celestial, te pido que perdones mis pecados. Yo creo que Jesús murió en la Cruz por mis faltas y que resucitó de entre los muertos. Yo invito a Jesús Cristo a entrar en mi corazón y en mi vida, para ser mi Señor y mi Salvador en el día de hoy. Lléname con tu Espíritu Santo. Gracias a ti, Jesús por verter tu sangre por mí y por hacerme parte de tu familia. Yo comprometo mi vida ante ti desde ahora en adelante.

¡Bienvenido a la familia de Dios! ¡Me encantaría saber de usted si hizo a Jesús su Señor y Salvador!

lifeintheword@aol.com

SOBRE LA AUTORA

Sonya L Thompson nació en Paterson, Nueva Jersey. Siempre tuvo el ardiente deseo de ser una empresaria exitosa. Se desempeñó en las ramas económicas a cargo de las máquinas expendedoras, los seguros y los servicios financieros. Sonya es Bachiller en Ciencias (B.S) en el campo de la administración de empresas y es Servidora Líder en la Iglesia Internacional de la Esperanza, en Groveland, Florida. Ha sido cristiana por 20 años y tiene pasión por compartir la "Palabra Viva", que ha transformado su vida con el cuerpo de Cristo. Su deseo es ver cómo los miembros del cuerpo de Cristo manifiestan el Reino de Dios, con el fin de hacer regresar al Padre a las personas que aún no se han convertido. Su vocación es la de **"formar, educar y asesorar a través del Evangelio con sencillez y pureza"**.

www.ingramcontent.com/pod-product-compliance
Lightning Source LLC
Chambersburg PA
CBHW051534170526
45165CB00002B/732